Jeux de Mots

par

Définition

Jeux de Mots

par

Définition

À la Source des Croisés

Roi de Trèfle

ISBN 978-2-322-10979-1

Jeux de mots par définition ©Jean-Michel Delefortrie, 2019

ABBÉ
Prend la robe par foi.

ABEILLES
Si on dérange leur nid, mieux vaut filer dare-dare.

ABERRATION
Fait filer les étoiles.

ABONNEMENT
Chaîne haute fidélité.

ABOUTEMENT
Permet de joindre les deux bouts.

ABREUVOIRS
Beaux bars pour bardeaux.

ABRITER
Héberger... comme rentrer ses blancs moutons.

ABRUTI
Quelqu'un qu'on prend pour quelqu'un qui ne comprend pas.

ACCESSOIRE
Il va dans le décor.

ACCUSATION
Quand elle a beaucoup de chefs,
les procès durent... comme la procédure.

ACCUSÉE
Montrée du doigt pour être mise à l'index.

ACE
Un service pas vraiment rendu.

ACÉRÉ
Susceptible... de blesser, et pas seulement la susceptibilité.

ACÉTONE
Pour les vernis ce n'est pas de veine.

ACNÉ
La guerre des boutons.
Face à cette affection on voudrait se voiler la face.

ÂCRE
D'un goût sur.
D'un goût allant jusqu'au dégoût.

ACTE
Un peu de pièce.
Par définition authentifiant, autant s'y fier.

ACTUALITÉS
Anciennes nouvelles.

ACUITÉ
Le plein des sens.

ACUL
Au fond, il appert côté mer.

ADAPTER
Tirer une pièce de livres.

ADDITIVE
Qui en rajoute.

ADEN
Évoque un tas d'états en Arabie.

ADEPTES
C'est à leur nombre que l'on mesure toute la dimension du maître.

ADÉQUATE
Qui correspond, en huit lettres.

ADIEU
Signifie une prise de congé.
Mot qui revient souvent au moment de partir.

ADIPEUSE
Un mot d'origine latine... qui traite de la graisse.

ADMIRATEUR
Pour qui un acteur est digne des loges.

ADMIRATIFS
Qui voient d'un bon oeil.

AÈDE
Il chantait sa poésie et aimait la lyre.

AÉRA
Fit de l'air.

AÈRE
Fait prendre l'air.

AÉRER
L'huis ouvrir en grand.

AÉRIEN
Qui concerne un vol.
Synonyme d'éthéré, hors de terre.

AÉRONEF
Vaisseau spécial.

AÉROSTIERS
Ils savent manier le ballon.

AFFECTIF
Cupidon n'est pas sans cible en ce domaine.

AFFRANCHIS
Prêts pour une expédition.

AFICIONADO
Fan jusqu'à l'amour vache.

AGAPE
Ce repas mettait en scène les premiers chrétiens.

AGAR
Doublé, n'est pas en froid avec les gelées.

AGASSE
Vieille pie.

AGATE
Permet de jouer à « roule ta bille ».

ÂGÉE
Prise par le temps.
Aînée depuis un certain temps.

AGENCÉES
Mises en ordre.

AGENOUILLÉ
Qui se retrouve sur les rotules.
Comme pour un service qu'on prie, devant l'autel.

AGI
Vient d'agir.

AGIR
Faire de l'effet.
Prendre des mesures.

AGNEAU
Pascal chez les Juifs.

AGONIE
Expression au râle.

AGRÈS
Vieux mot pour cordages.

AGUI
Un terme qui ne se rattache qu'à un nœud.

AGUICHE
On la voit en ville... et en pleine campagne !

AH
Partie de rigolade.

Redoublé pour rire.

AHANER
Faire le fort en faisant l'effort.

AHURI
Il reste interdit, ce qui n'est pas défendu.

AI
La raie au milieu.

Auxiliaire à la (première) personne.

AÏ
Bête de sommes.

Mammifère paraissant paresser.

Plus indolent que lui, il faut s'accrocher !

AIDÉE
À qui l'on a porté ce cours ?

AIDER
Donner un coup de main ou un coup de pouce.

AÏE
Réaction de celui qui se fait pincer.

AIE, AÏE
Vient d'avoir... ou vient d'avoir mal, cela s'entend.

AIENT
Commençaient en fin.

AÏEUL
Le nôtre est aîné avant nous.

AIGLES
Rois des aires.

AIGRE
D'un goût douteux, et non pas d'un doux goûteux.

AIGUES-MARINES
Jolies pierres assorties à la fête des mers.

AILIER
Joueur mis de côté.
Dans un certain milieu, a une prédilection pour les côtés.

AIMANTES
Qui ont une affection du coeur.

AÎNÉES
Nées avant... et pas de la dernière pluie.

AÎNESSE
Prime d'ancienneté.

AIR
Manière d'être.

Il peut meubler la chambre.

Ses déplacements, c'est du vent !

Qui veut s'en passer finit par trépasser.

Le prendre peut être un vol, mais pas un délit.

Pour le personnel navigant, le prendre c'est voler.

AIRE
Elle est de vent dans la marine.

AIRS
Les chants en sont.

Chants, sons et chansons.

Ils sont sujets à interprétations.

S'ils trottent, c'est toujours en tête.

Ils ont besoin d'interprètes pour être entendus.

AIS
Avec lui on relie les livres avant de les avoir lus.

AISANCES
Leurs lieux apportent un soulagement.

AISÉS
Faciles... ou d'un haut niveau.

ALAMBICS
Bons tuyaux pour alcooliques, « dis't-ils »...

ALBI
La doctrine cathare y est née.

ALCOOL
Il peut faire voir la vie en rose quand il grise.

ALCOOLIQUE
Genre très contre eau versée.

ALE
Anglaise légère.

Bière de malt d'une grande île.

À juste titre, on la croit de malt.

Les coups de pompes la font mousser.

Elle est, dans les pubs, licite, et dans les publicités.

Elle fait lever le coude de l'autre côté de la Manche.

ALÊNE
Elle peut trouer les souliers.

ALI
Baba pour un conte.

ALINÉA
Bien qu'il se tienne en retrait, il attire l'attention.

ALITÉE
Qui s'est mise dans de beaux draps... sans que ce soit un délit.

ALLÉE
C'est une voie, bien entendu.

ALLER
Gagner ou se rendre.

ALLÔ
Souvent présent à l'appel.

ALLUME
Avant le feu, pour en faire.

ALLUMEUSES
Elles mettent les sens en feu.

ALLURE
Manière d'aller.

ALLURES
Un trotteur ne doit pas s'en écarter de trop.

ALOÈS
Sa résine amère est employée en teinture.

ALPIN
Qualificatif pour un sport de hauteur.

ALPINISTE
Sportif de haut niveau.

ALTESSE
Titre bien coté côté cour.
Aux princes et aux princesses, titre d'honneur donné.

AMABILITÉS
Amènes, ainsi sont-elles.

AMARANTE
Bordeaux rouge.

AMBIVALENCE
Double face.

AMBIVALENT
Qui n'est pas à sens unique.

ÂME
Est en corps vivant.
Elle sait, à dessein, animer le corps.
On la rend toujours en partant à jamais.

AMER
Point de repère à la mer.

Qui n'a pas d'heureux sentiment.

AMÈREMENT
Quand la pilule est difficile à avaler.

AMERRIR
Marcher sur l'eau.

AMERTUME
Vague à l'âme ou sensation de l'amer.

AMEUTE
En appelle au peuple.

AMI
Un mâle qui vous veut du bien.
L'heureux proche sans reproches.

AMIE
Quand on la dit petite, elle peut prendre une si grande place !

AMIÉNOISES
Ce sont des Picardes, en somme.

AMINCIE
Qui a suivi un régime petit poids.

AMINE
Il contient des éléments radicaux.

AMINES
Ils se répartissent en trois classes en chimie.

AMNÉSIE
Un trou dans la tête.
Avec elle on oublie tout !

AMUIT
Ne se prononce plus (s').

ANA

Matière à mots d'esprit.

Des mots doux à l'esprit.

Un recueil qui peut se lire dans les deux sens.

ANAR

Il n'aime pas laisser les choses en l'état.

ANARCHIE

Elle donne désordre.

ÂNE

Preneur de son.

A bonnet... aux dernières places.

On ne craint pas de lui confier une charge importante.

ÂNÉE

Dos d'âne.

ÂNESSE

Elle ne recherche pas l'avancement.

Animal aux longues oreilles, friand de carottes.

ANET

À ses côtés, l'Eure passe.

ANGLES

Rencontres de droites.

ANIMALE

S'accorde avec chaleur.

ANIME

Fait bouger les choses.

ANISE

Met du jaune dans le verre.

ANISÈRENT
L'anis versèrent.

ANNE
Sainte qui de Marie fut enceinte.

ANNÉE
Le temps d'une révolution.

ANS
Quantité variable.
Des mois, et mois et mois...
Suivent un cardinal pour donner l'âge du capitaine.

ANSE
Qui peut être saisi.
Le dessus du panier.
Elle permet de mettre la main au panier.

ANTE
Important pilier.
Aussi un pilier de bistro.

ANTÉCÉDENT
Passe avant, à ce qu'on sait.

ANTENNE
Elle sait recevoir !
Elle se fait l'écho d'émissions lointaines.

ANTÉRIEURE
Qui se met toujours en avant.

ANTES
Les piliers du coin.

ANTHOLOGIE
Morceaux choisis.
On y recueille des morceaux.
Ses morceaux méritent bien d'y figurer.

ANTIQUAIRE
Spécialiste en valeurs mobilières.

ANTITUSSIF
Comme il est plus fort que la toux, il l'écarte.

ANTOINETTE
Suivait Marie pour un Louis.

AORTE
Artère à forte circulation.

AOÛTÉ
Endurci par un mois d'août.

AOÛTEMENT
Il endurcit les jeunes pousses.

APÉRITIF
Il peut ignorer la bière, quand son heure est venue.

APHONE
En voix de disparition.

APHONIE
À l'instar des maux qui laissent sans voix.

API
Une pomme sucrée sous la dent.

APICULTEUR
On oserait dire que c'est un métier dard.
D'art ? Dare ! Voilà un métier qui ne manque pas de piquant !

APNÉE
Donne l'air absent.
Elle peut donner l'air... d'en manquer !

APOSIOPÈSE
Interruption du son.
Coupe la parole sans crier gare.

APOSTROPHE
Une manière d'interpeller déjà présente à l'appel.

APPELLATION
Nom dit.

ÂPRETÉ
Signe de mauvais goût.

APTE
Bien disposé ou prédisposé.

APTITUDE
Mesure de capacité.

APURE
Règle des comptes.

ARA
Oiseau palindrome.
Espèce d'emplumé !
Un oiseau qui nous en fait voir de toutes les couleurs.
Ce n'est pas la gent littéraire, mais que de belles plumes !

ARABE
Nom d'un chiffre.

ARAC
Alcool issu du sucre de canne ou du riz, mais pas des Canaries.

ARAIGNÉE
Elle sait filer promptement.

ARAIRE
Un animal en est la traction, sillon le suit.

ARASÉ
Sans relief.

ARASER
Égaliser sur le terrain.

ARC
Dans son genre il a corde.
Rien ne sert de tirer sur sa corde sans cible.

ARE
Part sur le champ.
Mesure de champ.
Unité d'aire pour les terres.
Dix sur dix aux champs pour les mètres.
Une mesure qui peut s'appliquer à tout bout de champ.

ARÈNE
Il s'y déroulait des jeux de pleine aire.

ARES
Mesures prises sur le champ.

ARÊTES
Des os pour le poisson.

ARGENTERIE
Peut briller tout en étant étain.

ARIA
Un ennui qui n'est pas né de ce jour.

ARIDES
Comme déserts.
Qui n'ont point d'eau.
Où l'on trouve plus d'os que d'eau.

ARISÉ
Qui n'est plus dans le vent.

ARLÉSIENNE
La femme invisible.
Une femme qui se fera toujours attendre.

ARME
À feu elle est susceptible de refroidir.
Blanche, elle est susceptible... de faire voir rouge.

ARNICA
Contre les contusions, ça vaut le coup !

AROMATIQUE
D'un certain plaisir d'essences.

ARONDE
Nous dirons d'elle qu'elle ne fait pas le printemps.

ARRANGEMENT
Une manière d'ordonner en douceur.

ARRÉE
Des monts bretons peu effrayants.

ARRÊT
Est courant à la cour.

ARRÊTÉ
Amené au poste suite à un mandat.

ARRÊTS
Hors-service militaire.

ARRHES
Valide un contrat pour son exécution.

ARRIVANTE
Elle peut s'ajouter aux présentes.

ARS
Partie de cheval.

ARSINE
Des éléments radicaux s'y manifestent.

ARTÈRE
Elle connaît une intense circulation.

ARTISAN
Homme de main.

ARTISTE
Il peut se montrer digne des loges.

ARUSPICE
Ignoble devin pour qui prendre vie sert aux dieux.

AS
Un point c'est tout.
Le plus fort aux points.
Est fort... à bout de bras.
Une bonne carte qui finit le tas.

A.S.B.L.
Groupe sans gain.

ASCENSION
Élève qui aime les cols.

ASIATE
De l'Orient, mais non Breton.

ASILE
Garde fous.

Garde des sots.

On y trouve un monde fou.

Spécialiste du ravitaillement en vol.

Accucille ceux qui ont perdu la tête
ou ne savent plus où mettre les pieds.

ASPIC
Il fournit une huile suffisamment essentielle pour qu'on la vende.

ASSERMENTÉ
Est tenu au secret... ou à ne rien cacher.

ASSESSEURS
Le commissaire-priseur peut les avoir à ses côtés.

ASSIMILÉ
Reconnu comme un vrai semblable.

ASSIS
On ne peut l'être sans fondement.

ASSISES
Les amateurs de crimes passionnels sont, à cette cour, assidus.

ASSISTE
Participe, présent.

ASSOLER
Faire cohabiter des cultures différentes.

ASSURE
Se montre à la hauteur ou garantit la chute.

ASSURÉ
Qui va arriver !

ASSURER
Tenir la corde.

ASTRAGALES
Ont une gomme qui sert pour les colles.

ASTRAL
Signe particulier.

ASTRE
À la réflexion... lumineuse, la Lune en est un.

ATALANTE
Elle s'est un peu assoupie par la faute de trois pommes d'or.

ATAVISME
Son poids peut être une tare.

ATELIER
Le relieur y est à l'ouvrage.

ATER
Docteur faisant partie du corps enseignant.

ATHLÈTE
Armoire à glace.

ÂTRE
Feu de cheminée.
On y fait feu, de façon à ce qu'il tire.

ATRIUM
Une pièce romaine qui a toujours cour.

ATROPHIER
Faire aller de travers, en un sens.

ATTEIGNANT
Qui fait mouche, ne rate pas le coche.

ATTELÉ
Mis à la tâche... ou à l'attache.

ATTELER
Mettre la charrue après les boeufs.

ATTELLE
Elle peut vous tenir la jambe.

ATTIÉDIE
Qui ne fait ni chaud ni froid.

ATTIS
Sa moitié était Cybèle !

ATTRACTION
Force ou farce.

ATTRAPE-NIGAUD
Grosse ficelle.

ATTRISTÉ
Morose, qui broie du noir.

AUDITIONNÉ
Mis en examen.

AUGE
Elle sert à boire ou à manger.
De pierre ou de bois, la bête y boit.

AUGURE
Voit, là, venir.

AUMÔNIER
Homme d'esprit attaché à un corps.

AUNE
C'est lui qui porte les chatons.
Une mesure d'étoffe en était issue.

AURA
Peut être halo pour un esprit devin.
Point commun entre le saint homme et le symptôme.

AUTOMATE
Il peut travailler dans une fabrique
de chaussures sans jamais se lasser.

AUTOMOBILISTE
Un véhicule électrique ne le fait pas bon conducteur.

AUTORITÉ
Aussi dit commandement.

AVAIT
Ancienne possession.

AVARIE
Dommage !

AVE
À César ou à Marie.

AVEC
Mot d'accompagnement.

AVENIR
Ce que peut révéler un marchand devin avec du marc de café.

AVENT
Préparation faite pour Noël.

AVENUE
Une voie qui peut être engorgée.

AVÉRÉ
Autant t'y fier !

AVERSES
Elles sont responsables des poules mouillées.
Des précipitations qui ne donnent pas envie de flâner !

AVINÉE
Qui a bu, non sans abus.

AVIRONS
Forcément, ça rame !

AVOCAT
Pour sa défense, il est toujours d'attaque.

AXE
Trait très droit.

AXEL
Le saut du village... olympique.

AY
Vin de Marne dans les rayons.

BAC
Il fait suivre les cours... ou les traverser.

BAI
Qualifie un cheval de couleur.

BÂILLEMENT
Signe d'ennui ou du besoin d'une bonne nuit.

BÂILLONNER
Étouffer l'écrit.

BALANÇOIRE
Ce n'est qu'un jeu d'enfant.

BANALE
Comme une mesure commune.

BANDELETTE
Réglet chez l'architecte.

BANDES DESSINÉES
Où l'on sourit des « petits miquets ».

BANQUIÈRES
Femmes d'argent.

BAR
Peut servir la pression sans mesure ou mesure la pression.

BARONNAGE
Corps noble.

BAS
Ils se font voir en dessous.

BASANÉ
Qui a participé longuement à une exposition.

BÂT
L'âne peut en avoir plein le dos.

BAUX
Permettent sans mal de jouir d'un bien.

BÉANT
Qui a une grande gueule.

BEC
Fait force de loi chez le jars.

BÉE
Fait tourner, non sans zèle, le moulin.

BEIGNE
Coup de main.

BÉLIÈRES
Quelles cloches !

BÉLÎTRES
Des mâles qui ne font rien de bien.

BEN
Bien familier.

BÉNEF
Un bénéfice qui a subi un prélèvement.

BÉNÉFICES
Fruits d'une opération juteuse.

BÉNÉFICIER
Tirer parti, de tout ou partie.

BER
Berceau pour petit bateau.

BERGERIE
Et là bêle la bête...

BESACE
Ça ! des pans qui se rencontrent...

BIENFAITEUR
Homme donneur.

BIJOUTERIE
Là, un homme enchâsse.

BIO
Représente une certaine culture.

BISTOUILLE
Fort est ce café qu'on sert !

BISTRE
Couleur de lavis.

BLAZE
Un nom donné au nez.

BLET
Qui est mûr, mûr...
Qui démontre un excès de maturité.

BOAS
Serpents ou plumes.

BOER
Colon victime de luttes intestines.

BOIRE
Amener le verre à soi.

BOIS
Il peut être enté.

BOISÉ
Porté sur le vert.

BORE
Nom d'un non-métal.

BOTANISTES
Leur science est complexe, mais on y trouve des simples.

BOUM
La surprise partie, peut-être n'était-ce qu'un bruit sourd !

BOURLINGUE
Aime les aventures.

BRAISIÈRES
Elles font monter le niveau des cendres.

BRAME
Imite une bête à bois.

BRAS
Peut être de mer ou par paire.

BRASSER
Faire moult remous.

BRASSIÈRES
Des choses qui vous passent par la tête, mesdames !

BRIBE
Morceau choisi.

BRIÈVEMENT
Avec de moindres mots ou pour un moindre mal.

BRILLANTES
Fais échec au mat d'une pièce.

BRISES
Vents ou fais céder.

BROC

Il a un col et un bec, mais n'est pas un oiseau.

BRONZAGE

Empreinte en été.

BROU

Noix dans l'alcool.

BRU

Belle-fille, dit-on

BU

Liquidé.
Un milieu d'obus qui s'applique au canon.

BÛCHERON

Le type même de l'homme aux stères.

BUISSON

Est touffe dans la végétation.

C.A.

En affaires, c'est un chiffre.

ÇA

Élément de choix.

CACAOTIER

Avec lui on est sûr d'avoir la fève.

CAILLE

Oiseau, a la chair de poule.

CAL

Il ne fait pas le pied beau.

CALCULETTE
Table d'opérations.

CALE
Subit l'arrêt net.

CALLIGRAPHIE
L'école de signes des beaux arts.

CAMP
Comme il est provisoire, on y est dans la tente.

CAMPAGNARDE
Elle préfère ses terres des champs à cet air des villes.

CAMPING
Terrain d'en tente.

CANDÉLABRE
À point nommé pour qui veut reprendre le flambeau.

CANES
Oiseaux des eaux.

CANINE
Qui a du chien.

CANNETIÈRE
Elle met les trames sur la bonne voie.

CANONISÉE
Qui se retrouve en sainte.

CANTATRICE
Elle peut se faire du blé en travaillant aux chants.

CANTINIÈRE
Assurait la faim du régiment.

CAPRICE
Non de jeune fille.

CAPRICES
Des désirs qui font désordre.

CAPRICORNE
A toujours été au solstice d'hiver.

CAPSULAGES
Manœuvres qui suivent l'embouteillage.

CAPTIVANTE
Qui retient l'attention, provoque la tension.

CAR
Précède la raison.
Un mot d'explication.
Un mot qui donne toujours raison.

CARACTÈRES
Ils composent les textes.

CARICATURISTE
Il se moque de la réalité.

CARIÉE
Telle une dent abîmée dedans.

CAROTTE
Elle peut faire tourner bourrique.

CARRELER
Entreprendre une occupation des sols.

CARRIÈRE
Le comble est de la faire dans les mines.

CASCATELLE
Une chute sans grande conséquence.

CASE
Sorti de l'échiquier, elle manque au fou.

CASTAGNETTES
Elles résonnent quand on les frappe.

CATÉGORIES
Qui se ressemble s'y assemble.

CATÉNAIRES
Conducteurs de trains.

CATI
Apprêt qui rend une étoffe plus ferme qu'avant.

CAUSTIQUE
Ça tire les tissus ou est issue de la satire.

C.D.D.
Lettres employées pour un travail temporaire.

CEINTE
Qui fait le tour en serrant au plus près la tête.

CEINTURE
Pour serrer, elle sert.
C'est parce qu'elle serre qu'elle est utile.

CELÉ
Qui es tu ?

CELER
Mettre au secret, taire.

CÉLIBATAIRE
Est sans parti pris !

CENS
Droit d'entrée, en quelque sorte.

CENSEUR
S'il va au théâtre, il n'en connaît pas l'éloge.

CENTIMÈTRE
Il travaille avec le patron pour prendre des mesures..

CEP
Pied qui finira par avoir du corps et monter à la tête.

CERCLES
Font des « o » ou débats.

CERF
Ce mammifère a bois.

CERISE
Ne gâte rien sur le gâteau.

CERS
Décoiffe en Languedoc.

CERTITUDES
Elles mettent fin à une crise de foi.

CÉSARIENNE
Aide maternelle.

CÉSURE
Elle sait couper le vers.
Met les blancs dans les vers.

CHAIS
Ce n'est pas pour rien que s'y penchent des experts en vins.

CHÊNE
Cet arbre est un peu dur pour être un peu plié.

CHERCHEUSE
Femme savante.
C'est une tête, si ce sont les idées qu'elle fait fuser.

CHEVAL
Il faut son remède pour soigner sa fièvre.

CHEVALIÈRE
Elle se doit au doigt en flattant l'œil.

CHEVALIERS
Membres d'un ordre qu'ils font régner.

CHEVAUCHER
Se montrer cavalier.

CHUTE
Mouvement d'eau jusqu'en bas.
Ce qui arrive au monte-en-l'air quand il est pris sur le faîte.

CI
Ici en plus court.
Avant après pour annoncer la suite.

CIDRE
Régale avec la galette.

CIDRERIE
Les pommes y laissent leur peau.

CIL
On l'a toujours à l'œil.

CILIAIRE
Un mot qui va dans le sens du poil.

CIME
Là-haut, sur la montagne.

CINÉRAIRES
Qui peuvent être montés pour des cendres.

CINÉ
Grand écran en raccourci.

CINÉMA
Il peut se réaliser dans la séance-fiction.

C.I.O.
Il reste toujours qualifié pour les J.O.

CIRER
Apprêter pour un rendu.

CIRRE
En fait vriller, des plantes grimpantes estivales !

CITATION
Copie conforme.

CITRONNADE
Il faut certaines pressions pour l'obtenir.

CITRON
Il s'exprime aussi par zestes.
Il faut faire pression pour obtenir son essence.

CIVILE
Qui n'est ni aux ordres, ni dans les ordres.

CIVILES
Peut aisément qualifier des parties.

CLAIREMENT
Oh ! nettement.

CLAMER
S'exprimer par les cris.

CLAN
Un cercle bien fermé.

CLASSEMENT
Qu'il ordonne, et toute une population lui obéit.

CLÉ
Serre à volonté.
Sert et desserre à volonté.

CLEPSYDRE
Horloge antique sans tic-tac.
Elle passait le temps en Égypte.

CLIENTES
Les soldes leur donnent la fièvre acheteuse.

CLOWN
Amuse sans coup férir.

C.N.E.S.
Agence de voyages.

CODER
Faire des signes discrets.

CŒUR
Il a ses raisons que l'émotif n'ignore pas.

COFFRE-FORT
Est pour la protection des espèces.

COI
En rester, c'est ne pas en revenir.

COIN
On ne peut dire que frapper les monnaies n'est point son usage.

COITE
Qui prend une pose sans qu'on puisse tirer un mot d'elle.

COL
Passe montagne.
Pour le cou il habille, même s'il est faux.

COLÉRIQUE
S'il s'emporte souvent c'est pour s'en porter mieux ?

COLMATER
Ainsi font les plombiers.
Réparer une atteinte au front.

COLOQUINTE
Elle s'habille de fruits ornementaux.

COLORIER
En faire voir de toutes les couleurs.

COMPLAINTE
C'est une chanson populaire.

CONCERT
Les musiciens y sont à l'œuvre.

CONGÉLATEURS
Armoires à glaces.

CONTE

Lit pour endormir.

Y croire ou pas... les fées sont là !

CONTINENTE

Qui fait l'économie des plaisirs trop chair.

COPTE

De mémoire de papyrus, est issu de l'ancien égyptien.

COQUINERIE

Il faut la licence pour la pratiquer.

COR

Est du genre casse-pieds.

Il peut casser les pieds ou les oreilles.

CORPORELLE

Qui tient au corps.

CORSÈTE

Le corps serre, aidé des baleines.

CORSETÉE

Serrée au plus près.

Remise en formes... généreuses.

COSTUMIERS

Permettent aux acteurs de monter sur les planches... habillés.

COTER

Suivre le cours des choses.

COTRE

Ce voilier a un seul mât, voilà tout !

COU

Il tient tête.

COUÉ
Une méthode qui fonctionne par foi.

COUP
État de choc.

COUR
Suite royale.

COURAGEUSE
Qui, osant affronter ses vieux démons, émerveille.

COURANTE
Commune ou comme une eau.
Qui n'a pas le pied marin doit se tenir à sa main !

COURTISANE
Reine de cœur côté cour.
Elle vit aux dépens de celui qui l'écoute.

COÛTE
On ne saurait dire « vaut rien ».

COUTEAU
Il sert, acéré.

COUVERT
Se met à table.

COUVIS
Ce n'est pas que les œufs durent, ils sont cuits !

CRAINTS
Qui font peur !

CRAMOISIES
Fort rouges sous l'effort.

CRAVACHER
Ne pas ménager sa monture.

CRÉATION
Fait de l'esprit.

CRÉÉ
Peut être de toutes pièces.

CRÉÉE
Mise en œuvre.

CRÉER
Obtenir un résultat d'un fait néant.

CRÊT
Escarpement proche de la crête.

CRÊTE
Évoquer sa ligne, c'est en venir au faîte.

CREUX
Celui de la vague fait toucher le fond.

CRÈVE
Vient à manquer d'air.

CREVER
Manquer d'air... à la chambre.

CRI
Ce sera le dernier, pour les snobs.

CRIC
Instrument d'un soulèvement.
Il mène à un soulèvement à coups de révolutions.

CRIER
Hausser le ton à l'étal.

CRIME
Un acte tant odieux que diabolique.

CRIN
Un poil qui rime avec cheval.

CRINIÈRE
Est crins autant... qu'il s'agisse d'un lion ou d'un cheval !

CRIQUE
Petite baie ou abri côtier.

CRISES
Passages pas sages.

Méchants passages.

CRISSEMENT
Met la gomme sur la route.

CRITIQUER
Donner son avis sur la vie des autres.

CROÎTRE
Devenir grand, petit à petit !

CROÛTON
L'ami d'un repas frugal.

CRU
Pas mis sur le grill.

Hé ! C'est non transformé !

Ce n'est pas en vain qu'il s'applique au terroir.

CRUCIVERBISTE
Homme de lettres.

Passe l'écueil des grilles pour découvrir les mots mis.

CRUE
Plutôt salée !

CUIVRE
Rouge ou jaune, ce métal ne se voit pas dans tous les tons.

CURVIMÈTRE
Il aime les belles courbes.
Permet d'arrondir les angles.
Il fait épouser les courbes de manière adroite.

CUVÉE
De tous temps, vint de la vigne.

DAIGNONS
Faisons un geste.

DAINE
Bête à bois qui peut craindre les chiens.

DAIS
Il se porte dans les processions de foi.

DAN
Sert à la ceinture.

DARDANELLES
Un détroit près de Troie.

DARE
Doublé pour aller plus vite.

DATA
Mit le jour.

DAUBE
Elle se prépare sur lit de vin.

DAURADE
Les amateurs de poisson en font « bonne chair ».

DE
Moitié de deux !

DÉ
Protection rapprochée.
Protecteur des couturières.
Protection rapprochée pour une filature.
Il se fait toujours jeter au tapis, avant qu'on ne compte les points.

DÉBARRASSER
Desservir ou rendre service.

DÉBITEUR
Il n'a pas de sous, non, il a des soucis !

DÉBOISEMENT
Quand la forêt perd ses charmes.

DÉCAGONE
Du boulot pour qui aime arrondir les angles.

DÉCÉLÉRER
Préparer l'arrêt avec la manière.

DÉCRASSER
Nettoyer la sale.

DÉESSE
Même les athées n'auraient d'yeux que pour elle.

DÉFIS
Se lancent et se relèvent.

DÉGOUTTER
Prendre la fuite ou aller vers le bas, en parlant de l'eau.

DÉJEUNER
L'heure des mets.

DÉLATION
Lâcheté pour un vendu.

DELTA
Grecque au bout du Nil.

DÉMANGEAISON
Envie pressante.
Problème des tiques.

DÉMÉNAGEMENT
Il fait prendre ses cliques, ses claques, et ses clic-clac !

DÉMONSTRATEUR
Il travaille au service vante.

DÉNI
Ce n'est pas juste.

DÉNOUER
S'attaquer à l'attache.

DENTÉ
Susceptible de mordre.

DENTELÉ
Entouré de dents vers le dehors.

DÉPANNE
Rend service, resserre les boulons...

DÉPARÉE
Qui voit sa beauté sabotée.

DÉPENDANCE
Une forme d'auto-sujétion.

DÉPENSIERS
Ils n'ont pas d'accointances avec les courts de bourse.

DÉPISTER
Être sur le bon chemin...ou mettre sur une fausse voie.

DÉRAILLE
S'écarte de la bonne voie.

DERNIÈRES
Les plus proches... ou les plus lointaines.

DÉS
Ils sont fréquemment jetés au tapis.
Ils sont généralement récupérés après qu'ils aient été jetés.
Ils peuvent rouler, mais s'ils sont pipés on risque d'en découdre.

DÉSERT
Un endroit sous le vent, le sable.

DÉSERTER
Prendre la poudre d'escampette au son du canon.

DÉSERTIQUE
Comme une plaine qui serait vide.

DÉSIRS
Restent envies, tant qu'ils ne sont pas assouvis.

DÉSOBÉISSANT
Qui au maître ne veut se soumettre.

DESSALÉS
Qui pourraient bien être remis en sel.

DESSERRE
Donne du mou.

DESTIN
À l'en croire, il faut que l'on s'y fasse, les dés sont jetés.

DESTINÉE
Elle règle tout d'avance.
Le chiromancien la lit, devin.

DÉTENTE
Elle donne des bons bonds aux athlètes.

DEVIN
Métier d'avenir.

DIE
la Drôme y coule, la clairette aussi

DIÈSE
Il signe la note pour la régler.

DIÉTÉTICIENNE
Elle ne nous fera pas avaler n'importe quoi.

DIN
Qualifie des chevaux.

DÎNER
L'heure des mets.
On peut y faire le repas sage.
On peut s'y accommoder, au reste, d'un repas sage.

DISETTE
Une certaine absence.

C'est la fin des haricots.

DISTINGUER
Discerner ou décerner...
Mettre en avant ou voir de loin.

DITE
Qui n'est pas tue ou que l'on avoue.
Exprimée par écrit comme par les cris.

DO
Note en doctorat.
Une note, ça l'est !
L'ut sous un autre nom.

DOL
Si ce n'est pas du vol, ça y ressemble.

DON
Cadeau de naissance.

DONNANT
Doublé, c'est équitable.

DORÉ
D'or un peu.

DOT
Cadeau de mariage.
Présent pour le futur.
Amenée pour un parti pris.

DOUBLEMENT
Grosse augmentation.

DRAGÉE
Amande adoucie.

Haute quand on peut la tenir.

DRAIN
Il permet d'écouler le liquide.

DRAINER
Rassembler pour le cours.

DRESSEUSE
Reine de l'arène.

DRILLE
Soldat sans corps.

DROITS
Sans détours ni des tours.

DRÔLE
Qui s'amuse à amuser la galerie.

DRU
Qui n'est pas clair semé.
À l'opposé de guère épais.
Qui est touffes trop serrées.
Qui laisse peu d'espace, comme les pousses poussent.

DÛ
A un certain prix.
Un devoir conjugué.
Ce que l'on doit, n'a pas à l'oeil.

DÛ, DU
D'abord à rendre, puis rendu, finalement.

DUALISTES
Ils s'opposent à ce qui n'est pas deux.

DUBITATIFS
Qui ne semblent pas prêts à avaler n'importe quoi.

DUNES
État de sable.

DUO
Il fonctionne sur deux voix.

DUODÉCIMAL
Système d'horlogerie.
Système qui contient en soi l'année en mois.

DUPER
Jouer un tour.
Donner leurre.

DURE
Tient un certain temps jusqu'à devenir plus vieux.

EAU
Quand on la dit de vie, elle peut la faire perdre.

EAUX
Avec les forêts pour un certain génie.

ÉBATS
Unissent le masculin et le féminin.

ÉBÉNISTE
Il meuble son temps dans les bois.

ÉBOULIS
Ils sont naturellement à faire des tas.

ÉBRASÉES
Sujettes à un élargissement.

ÉCAILLER
Chercher la perle rare.
Faire la peau du poisson.

ÉCART
Pas de côté.

ÉCHAPPÉE
Sortie de ce cours ?
Fait prendre la tête grâce à un jeu de jambes.

ÉCHO
Espèce de perroquet... en plus réfléchi.

ÉCIMER
Faire perdre la tête.

ÉCLAIRANTE
Qui démontre que la lumière est un produit de lux.

ÉCLATÉE
Vue sous quelque perspective.

ÉCOLE
Les notaires y ont fait leurs études.

ÉCOLIERS
C'est en étudiant qu'ils évitent les colles.

ÉCONOMISTE
Homme de biens.

ÉCOSSAGE
Une affaire de pois.

ÉCOT
Obole pour le couvert.

ÉCRÉMÉE
Privée de ses meilleurs éléments.

ÉCRÉMEUSES
Traitent du lait.

ÉCREVISSES
Les prendre, c'est risquer de se faire pincer !

ÉCRIN
Châsse au trésor.

ÉCRITEAU
Il peut être mis à la porte du bar.

ÉCRIVAIN
Qu'il ait ou non la plume facile, il est à l'ouvrage !

ÉCROU
Serre-vis.

ÉCROUELLES
Sans qu'elles n'aient à voir avec la varice,
elles ne donnaient pas beau cou.

ÉCRU
D'un ton au naturel.

ÉCRUE
Telle une tenture sans teinture.

ÉCUELLE
On peut y trouver à boire et à manger.

ÉCUMOIRE
Même neuve, elle est pleine de trous !

ÉCUS
Protégeaient les gens d'armes ou mettaient à l'abri du besoin.

ÉDEN
Des lys et les fleurs du bien ?
Délices dans un jardin fleuri.

ÉDITER
Passer en revue.

ÉDIFIÉ
De toutes pièces, monté.

ÉDITION
Affaire d'impression.

ÉDITORIALE
D'une activité qui aime distinguer les oeuvres des écrits vains.

ÉDREDON
Le plein duvet pour un sommeil de plomb.

ÉDUCATRICE
Même étrangère au milieu hospitalier,
elle fait partie du corps enseignant.

ÉDUQUER
Donner la leçon.

ÉFENDI
Personne à la tête de turcs.

EFFAÇABLES
Qui peuvent finir en traits passés.
Qui peuvent s'envoler d'un coup de plume.

EFFACER
Mettre toute la gomme.

EFFET
Résultat d'une action.

EFFLEURER
Travailler à fleur de peau.

EFFRONTÉE
Qui n'a pas froid aux yeux ni la langue dans sa poche.

ÉGAL
C'est du pareil au même.

ÉGALISATION
Passage à niveau.

ÉGARDS
L'occasion de dérouler le tapis rouge.

ÉGARE
Sur une mauvaise voie envoie.

ÉGÉE
Belle mer.
Père qui noya son chagrin en s'abandonnant à la mer.

ÉGÉRIE
Si un comique a muse, c'est elle.

EGO
Maître du je.
Personnalité importante.

ÉGOÏNE
Lame dure, scie rigide !

ÉGORGER
Faire mourir sur le cou...

ÉGRENER
Prendre de la graine.

ÉGRENEUSES
Elles font la différence entre les bons grains et l'épi.

EH
Un mot qui interpelle.

EIDER
Fournisseur d'édredons.

ÉLANCÉE
Mince, alors !

ÉLANCEMENT
Vive, la douleur !

ÉLÉATE
C'est de la vieille école !

ÉLECTION
La voie des urnes.

ÉLÉIS
Fournisseur d'huile de palme.

ÉLEVEUR
Peut être homme de l'oie.

ÉLIMÉ
Qui perd ses fils.

ÉLIRE
Donner un siège.

ÉLISIONS
Elles font disparaître des lettres pourtant non compromettantes.

ELLE
Personnel féminin.

ELLES
Après vous !

ELLIPSES
Sous-entendus.

ELME
Saint invoqué lors de la perte des eaux ou évoqué pour certains feux.

ÉLOI
Même indépendants, les joailliers l'ont comme (saint) patron.

ÉLU
Qui a atteint la majorité.
Qui s'est fait suffisamment entendre pour ne pas manquer de voix.

ÉLUDÉE
Telle une question qui ne se posait pas.

ÉLUDER
Répondre à côté.

ÉLUE
D'un résultat des votes... ou dévote.

ÉLUS
Ils devront leur salut à Dieu.
Ont reçu un mandat et sont donc en poste.

ÉMAIL
Protecteur de la couronne.
Un protecteur toujours sur les dents ? Mieux vaut l'y voir !

ÉMANE
S'échappe d'un corps.

Découle, vient d'une source.

ÉMARGER
Mettre de côté.

EMBAUMEUR
Spécialiste anti-corruption.

EMBOLIE
Coup de sang.

EMBOUTEILLAGE
À choisir incite à boire, pas à conduire.

ÉMERAUDE
Vert lumineux.

ÉMERGENTES
Qui sortent du lot ou sortent de l'eau.

ÉMÉRITE
Qui est passé maître en sa matière.

ÉMERVEILLER
En mettre plein la vue.

ÉMET
Formule ses impressions ou imprime des formules.

ÉMETS
Veux être reçu.

ÉMEUTE
Elle fait sortir un monde fou... le !

ÉMINCER
Faire des parties très fines.

ÉMIR

Il est aussi respectable qu'un sultan.

ÉMIRAT

Une certaine dignité.

ÉMISSIVES

Qui sont en mesure d'émettre.

EMMÉNAGER

Entrer, avec certaine méthode, au logis.

EMMÈNE

Emporte, prend avec lui... peut-être la porte, l'huis.

EMMIELLENT

Cassent les pieds ou les oreilles.

ÉMOI

Affection du coeur.

La renaît sens, en un sens.

État d'émotion sans censure.

Effet des plaisirs des sens sans interdit.

Quand il est de jeunesse, c'est un trouble d'enfant apparent.

ÉMOTIONS

Peuvent déclencher la larme.

ÉMOUSSÉ

Qui a perdu sa forme, manque de tranchant.

EMPÊTRÉ

Engagé dans une impasse.

EMPIÉTER

Se livrer à quelques débordements.

EMPOISONNE
Met fin à des jours ou ennuie.

EMPREINTES
Marques en terre, en somme...

EMPRESSÉ
Qui fait bien attentions.

EMPRISONNE
Coupe du monde.

ÉMU
Touché en plein cœur.
Mué en désordre ou remué.
Susceptible de déclencher la larme.

EN
Partie de rien.
C'est le début des ennuis.
Termine l'entretien comme il l'a commencé.

ENCAGER
Mettre derrière les barreaux.

ENCENSÉ
Bien traité par le maître d'autel..

ENCRASSÉ
Qui fait l'objet d'un dépôt.

ÉNÉE
Un de Troie.

ÉNERGUMÈNE
Si une mouche l'a piqué, ce n'est pas celle du sommeil !

ÉNERVE

Agace ou pis.

ÉNERVÉE

Qui, sortie de ses gonds, est susceptible de prendre la porte.

ÉNERVEMENT

Perte de contrôle.

ENFER

Fin damnée.

Il y règne, dit-on, une odeur de « souffre ».

ENFERMER

Mettre en boîte.

ENFLER

Augmenter le volume.

ENGLUÉ

Tel un oiseau dans l'impossibilité de décoller.

ENGRAIS

Une clef de sols fertiles.

ENGRAISSÉE

Telle une femelle que nul n'affame.

ÉNIÈME

Qui tient un certain rang.

ÉNIÈMES

D'incertains rangs.

ÉNIGME

Jeu de clefs.

ENLACER
Tourner autour.

ENNÉADE
Un groupe de neuf fait d'Anciens.
Même pour de vieux objets, ça fait neuf.

ENNEIGÉE
Qui a subi une grosse chute.

ENNEIGER
Tomber le manteau, en général l'hiver.

ENNEMI
Nomme un homme qui ne pense qu'à faire le mal.

ENNEMIE
Le mal au féminin.

ENNUI
Produit d'inactivité.
Il se traîne en longue heure.
Pour le produire, il ne faut rien faire !

ENNUIS
Des soucis qui se mélangent aux pensées.
Quand il s'en mêlent, les démêlés ne sont pas bien loin.

ENNUYÉ
Qui en a assez, lassé.

ÉNONCE
Exprime par l'écrit.
Se prend à mots dire.

ÉNOUE
Rafraîchit la laine.

ENRAGE
Peut avoir envie de mordre après avoir rongé son frein.

ENREGISTRÉES
Mises en boîte.

ENREGISTREUR
Fidèle reproducteur.

ENRÊNÉE
Sujette à une prise de tête.

ENRÊNEMENTS
Ils viennent à bout des fortes têtes.

ENRÊNER
Tenir tête au canasson.

ENRÔLÉ
Pris « à parti ».

ENROUÉ
Engagé dans une mauvaise voix.

ENSEIGNE
Donne la leçon.

ENSEMENCE
Fait prendre de la graine.

ENSERRER
Mettre en serres ou tenir dans ses griffes.

ENSILÉS
Mis dans une vraie fosse.

ENSOLEILLEMENT
Action d'éclat.

ENTAILLÉ
Qui a reçu un coup dedans.

ENTASSE
Se crée des tas.

ENTASSER
Ah ! Faire des tas... sur le bureau ministre ?

ENTE
Met « à bouts ».
Travaille deux bouts.

ENTER
Faire de deux choses l'une.

ENTERRÉ
Dont on a fait une croix dessus.

ENTERRENT
Sèment profondément... ou abandonnent.

ENTÊTÉ
Dont on ne change pas facilement l'avis.

ENTIER
Dont les parties sont encore là.

ENTITÉ
Forme d'esprit, de groupe.

ENTOURÉ
Pour être bien vu ou dit cerné.

ENTR'OUVERT
L'huis qui invite à franchir le pas l'est...

ENTRER
Sauter le pas.

Faire une apparition.

Passer la porte, dans un certain sens.

ÉNUCLÉÉ
Qui d'une certaine vision des choses peut faire deuil.

ENVERGURE
Elle met de la distance entre ailes.

ÉOLE
Pour les incroyants, c'est du vent !

C'était, avant, un dieu dans le vent.

ÉOLIE
Ancienne contrée majeure d'Asie Mineure

ÉOLIEN
D'un système « de vent » être poussé.

Qui nécessite d'être poussé derrière par beaucoup de vent.

ÉON
Un esprit qui fait se retourner Noé.

ÉON, ÉON
Un peu d'âme ou un peu dame.

ÉON
Homme de Tonnerre dont l'ambiguïté a pu faire grand bruit.

ÉOSINE
Elle nous fait voir rouge.

ÉPANCHE
N'est pas contre eau versée.

ÉPAR
Il peut empêcher de prendre la porte.

ÉPARS
C'est parés... dans le désordre.

ÉPARSES
Sept lettres qui font désordre.

ÉPÉE
Objet d'une discipline de lame et du corps.
Jadis l'instrument de spécialistes ès crimes.

ÉPEIRES
Expertes en toiles.

ÉPÉISTE
Un sportif qui peut jouer en bottes.

ÉPELER
Suivre à la lettre.
Lire toutes les lettres.

ÉPI
Il est de mèche avec les rebelles.
Un rebelle qui peut prendre la tête.

ÉPICIÈRE
Elle fait commerce avec des huiles.

ÉPIÉS
Que l'on a à l'œil.

ÉPILATION
Elle travaille à la peau lisse.

ÉPINE
Si la rose était une médaille, ce serait son revers.

ÉPINETTE
Bière d'écorce.

ÉPIPHANIE
Hommage aux mages.

ÉPIS
Rebelles et bien dressés, tout à la fois.
Font se dresser les cheveux sur la tête.

ÉPISODES
Ils peuvent figurer en gothique dans un vieux roman.

ÉPISSOIRES
Connus des vieux loups de mer pour
séparer puis entrelacer les cordages.

ÉPISSURE
Réunion de fils.

ÉPITHÈTE
Bleu dans un ciel bleu.

ÉPÎTRE
Lettre en vers et contre tout.

ÉPONYMES
Un adjectif pour des prête-noms.

ÉPRISE
Très attachée.

ÉPURE
Dessin déjà bien formé.

ÉQUESTRES
Pour des affaires à cheval.

ÉQUILIBRÉE
Bien sous tous rapports.

ÉQUITATION
L'art de ménager sa monture.

ÉRAILLÉ
Dont les fils sont relâchés.

ÉRATO
Muse qui inspire ceux que la poésie amuse.

ÈRE
Temps variable.

Morceau d'histoire.

Élément périodique.

Un mot qui en dit long.

Finit première ou dernière.

Un sacré bon bout de temps.

À son évocation, à beaucoup d'années l'on s'attend.

ÉREINTÉ
Qui peut se tenir les côtes, sans rire.

ÈRES
Ça fait longs temps, très longs temps.

ÉRIGE
Élève... dans la cour, possiblement.

ÉRIN
L'Irlande des vers.

ÉRINES
Font office de séparateurs, dans une opération.

ÉRODE
Prend son temps pour ronger.

ÉRODÉ
Victime de frictions répétées.

ÉROGÈNES
Zones qui, en certains sens, incitent à sexe primer.

ÉROS
As de cœur.

ERRANTS
Dits vaguants.

ERRER
Aller à droite, à gauche.

ERRATUM
Il laisse tout de même mauvaise impression.

ERRE
Vague dans les deux sens.

ERREURS
Maladresses ou mauvaises directions.

ERS
Herbe assez fourragère.

ERSE
Les cordages y sont liés.
Vieil anneau de cordage.

ERSEAU
Il évite que l'aviron ne se barre.

ERSES
Point commun entre l'Écosse et les cosses.

ÉRUDIT
Qui sait !

ESCAMPETTE
Poudre que l'on emporte à la sauvette.

ÉSOPE
Ce fut un homme à fables.

ÉSOTÉRISME
Ses ennemis y auront trouvé les premiers délits d'initiés.

ÉSOTÉRISTE
Aime « sens caché », discrètement.

ESPACE
Va de l'infiniment petit à l'infiniment grand.

ESPIÈGLES
Comme des cocos coquins.

ESPOIRS
Objets du désir.

ESPRITS
Il faut savoir reprendre les siens, pour qu'ils se manifestent en corps.

ESQUISSÉS
À traits légers.
Comme dessins à peine dévoilés.

ESSAI
L'épreuve pour les preuves.

ESSARTE
Rendra bientôt cultivé.
Gagne du terrain pour semer.

ESSARTER
Faire des cendres du bois.

ESSAYEUSES
Elles aiment des tests.

ESSE
L'on ne vit plus, à son crochet.
Crochet à l'endroit, crochet à l'envers.

ESSENCE
L'être et le hêtre l'ont en commun.

ESSENTIEL
Dont on ne peut se passer sans jouer son avenir.

ESSIEU
Il entre dans les roues au moyen des moyeux.

ESSOR
Élan rapide.

ESSORÉE
Passée par le panier à salades.

ESSOREUSES
Elles rejettent l'eau par le bas.
Elles en voient passer, du beau linge !

EST
La naît lumière.
Être au présent.
Du côté de l'orient.

Il s'éclaire au petit matin.
Il voit toujours venir un des astres.

ESTAMINETS
Où peuvent se trouver les cafés qu'on sert.

ESTHÈTE
La beauté, ça lui botte !

ESTIMER
Donner « l'avis ».
Donner un prix.

ESTIVANT
Lui peut être et « avoir été ».

ESTOCADE
Foudroie dans l'arène.

E.T.A.
La République ne s'attache pas à ses basques.

ÊTA, E.T.A.
Grecque ou basque.

ÉTABLI
Table ou stable.

ÉTAGÈRE
Se retrouve toujours le dos au mur.
Elle supporte des livres, voire des kilos.

ÉTAI
Il prévient la chute de ce qui est mur.
Un chevalet dans l'écurie... en réfection.

ÉTAIENT
Qui ne sont donc plus ?

ÉTAIS
Ils préviennent l'effondrement.

ÉTAIT
Un être imparfait.

ÉTAL
Il se voit tréteaux sur le marché.
Qu'il pleuve ou qu'il neige, on le voit toujours à la vente.

ÉTALAGER
Faire les vitrines.

ÉTALÉ
Mis en grande surface.

ÉTALON
Associé au mètre pour faire bonne mesure.

ÉTAMAGE
Couverture de tain ou d'étain.

ÉTAU
Un objet qui serre bien.

ETC
Reste en abrégé.
Facilité d'élocution.
Permet de couper court.

ÉTÉ
Quart d'an.
Indien d'Amérique du Nord.
Quand le soleil fait son chaud.
On en espère au moins un vrai mois doux.
Suit un avoir pour un temps qui n'est plus.

ÉTEINTE
Sans feu ou feue.

ÉTENDUS
Qui ont acquis une certaine dimension.
D'une belle ampleur ou sur lesquels on a versé quelques larmes.

ÉTÊTÉ
Qui a perdu la tête.
Victime de coupeurs de tête.

ÉTÊTEMENTS
Font tomber des têtes.
Ils font tomber de haut.

ÉTIAGE
Un cours au plus bas.

ÉTIER
Amène de l'eau pour des marais.
Dans les marais salants, l'eau de mer laisse aller.
Tirée dans le désordre, pour alimenter les marais.

ÉTIRE
Fait profiter d'un élargissement.

ÉTIRÉ
Un mot qui en dit long.

ÉTIRÉE
Passée par une certaine filière.

ÉTIREMENT
Moment de détente... qui agit en tirant.

ÉTIRER
Jouer la prolongation.

Opérer un travail de filature.

ETNA
Un Italien au chaud tempérament !
Un vieux cracheur de feu toujours en activité.

ÉTOCS
Têtes dures.

ÉTOILEMENT
Reste sur le carreau après un choc.

ÉTONNER
Frapper... sans violence.

ÊTRE
Personne ou quelqu'un.

ÉTREINTE
Corps à corps.

ÉTRÉSILLON
Avec lui, l'étançon dure.

ÉTRIER
Élément du pavillon proche de la fenêtre,
on le quitte pour le pied à terre.

ÉTRIERS
Invitent à se montrer cavalier.

ÉTRIVIÈRES
Vont naturellement à la selle.

ÉTUI
Objet de recouvrement.

ÉTUVE

Elle va à toute vapeur.

EUH

Marque d'ignorance.

Pour une hésitation... peut-être.

Le son de l'élève qui n'a pas appris sa leçon.

EURO

L'Europe en pièces.

EUROPÉENNE

Cible potentielle des anti-occident.

EUX

Désigne en moins de deux.

E.V.

Deux lettres sur une lettre.

Deux lettres pour le facteur.

Comme deux lettres à la poste.

ÉVASION

Elle fait changer d'air.

ÉVENTER

Mettre à l'air ou au courant.

ÉVENTS

Pour que les baleines respirent, c'est assez.

ÉVITE

Pare ou se sauve.

ÉVOCATRICE

Qui rend présent à l'esprit ou les esprits présents.

EX
Ancienne moitié.
Avant le mari après un divorce.

EXAUCÉ
Qui a su à quel saint se vouer.

EXCITÉE
Qui est dans tous ses états, dame !

EXISTENT
Ne sont pas légendes mais comptent.

EXPLORER
Aller au fond des choses.

EXPLOSIVE
Qui peut sauter, mais pas de joie !

EXPOSITION
Partie d'une fugue.
Son objectif est d'en mettre plein la vue.

EXPRESSION
Possible signe extérieur de richesse intérieure.

EXTRAS
C'est leur service qu'on prie, à la cérémonie.

EXTRÉMITÉS
Bouts d'un bout.

FAC-SIMILÉS
Copies qu'on forme à l'atelier.
Fruits d'une reproduction fidèle.

F.A.O.
Pour en finir avec la faim.

FART
Il empêche qu'à la neige les skis se mêlent.

FAT
Il se laisse conduire par l'autosatisfaction.

FÉE
Femme de pouvoirs.
Elle peut mener les hommes à la baguette.

FÉMINITÉ
On lui accorde naturellement la grâce.

FERS
Les forçats y étaient très attachés.

FESSE
Elle n'est pas seule garante d'une situation bien assise.

FESTIVE
De fait, où l'on s'amuse.
Qui célèbre une belle victoire dans une salle des fêtes.

FÈVE
Quand on l'a sous la dent, la couronne nous attend.

FI
On peut le faire de quelque chose, si l'on n'en a rien à faire !

FIDUCIAIRE
Se dit d'une valeur fictive pouvant
se transformer en monnaie de singe.
De ce cabinet, c'est sur ses travaux qu'on table.

FIEL
La bile chez le renard.

FIER
Hautain ou aux sentiments élevés.
Qui respecte ses valeurs ou affiche son mépris.

FIÈVRES
Beaucoup de chaleur.

FIL
Son coup peut venir de loin.

FILÉE
Qui fait l'objet de poursuites.

FILLE
Enfant au père.
Elle peut être vieille sans être très âgée.

FLORENCE
La ligne avec ce crin ne craint pas d'être coupée.

FŒTALE
D'une certaine conception.

FOIREUSE
Qui fonctionne mal, au féminin.

FONTANELLE
Elle est toujours entre deux os.

FRAISE
On préfère sa chair à sa tête.

FRANC
Espèce préservée en Suisse.

FREIN
Produit l'arrêt net sur le champ.

FREINER
Ralentir, et vite !

FRÈRE
Peut être beau ou lai.

FRÈRES
Ils se sont retranchés dans un certain ordre.

FRICOTEUSE
Ses affaires louches demandent qu'on l'ait à l'œil.

FUITES
Elle font perdre contenance.

FUT
Est très passé.

GAI
Comme le pinson, pour rire.

GAIE
D'humeur badine sans coup férir.
Qui voit le verre à moitié plein ou qui en a bu plus d'un.

GAIN
Avantage que le spéculateur veut toujours davantage.

GAINS
On les touche quand on a la main heureuse.

GALÉJADE
Gros poisson à Marseille.

GALEUSES
Espèce de brebis.

GANT
Demande la main pour l'épouser.

GANTELET
Faisait agir d'une main de fer.

GARDE
À prendre pour ne pas être pris.

GARE
Certains y mènent grand train.

GARNIR
Aller dans le décor.

GARROT
Pour serrer, il sert !

GARS
Ceux de la marine se distinguent par le port... d'uniforme.

GÂTER
Faire trop donneur.

GÊ
Divinité de la Terre qui enfanta de la mer.

GÉANT
Dans l'énorme, pas dans les normes.
Sans commune mesure avec des mesures communes.

GEIGNEMENT
Plainte en un murmure.

GÉMELLES
Elles viennent d'œufs par deux.

GÉNÉALOGIE
Recherche dans l'intérêt des familles.

GÉNÉRATION
Multiplication par division.

GÉOGRAPHIE
Elle fait lire les cartes.

GERBE
C'est le bouquet !

GERCER
Signer, sur les lèvres, de petits maux et plaies.

GÉRER
S'occuper de certains intérêts comme du capital.

GÉSIER
Suffisant pour un appétit d'oiseau.

GÉSINE
Terme d'accouchement.

GESTES
Signes distinctifs.

GIBELOTTES
Des pots de lapins à la conserverie.

GICLER
Être en jets.

GIROUETTE
Instrument à vent.
Elle change sous vent d'avis.
Passent les modes, elle est toujours dans le vent.

GÎT

Après ci en certaine condition.

Est étendu sans aucune tension.

GLACER

Jeter un froid.

GLACIATION

Elle fait les temps gelés.

Elle donne le temps de se regarder dans la glace.

GLADIATEUR

Roi de l'arène, devant l'empereur.

GLANDS

C'est leur chêne qui les libère, finalement.

GLANE

Des éléments épars pille.

GLAS

Ce n'est pas d'une trompe, qu'il annonçait la mort.

GLOUTON

Il se remplit, avide.

GLU

Empêche l'oiseau de décoller.

GNOSTIQUES

Clairvoyants n'ayant d'yeux que pour Dieu.

GOLGOTHA

On y signa un crime d'une croix.

GONES

Petits de Lyon.

GORGE
Elle travaille avec pêne.

GOUVERNAIL
Il trouve son maître à la barre.

GOUVERNANT
En prétendant éclairer ses administrés, il peut se faire despote.

GRÂCE
Attrait fin.
Elle a trait à l'attrait.
Qualité d'un être qui a du charme.

GRAS
Des caractères qui se font remarquer.

GRASSE
Dodue, dis donc !

GRATTER
Répondre à un besoin pressant.

GRÉ
Le savoir est une forme de reconnaissance.

GREC
Label hellène.

GRÉER
Se préparer à mettre les voiles.

GRÊLE
Une précipitation qui impose de se mettre très vite à l'abri.

GRELIN
Sert au navire pour l'amarrer.

GRELOTTER
Trembler comme une feuille, mais pas d'effroi.

GRENAILLER
Veiller aux grains.

GRENOUILLE
L'apercevoir peut être un signe d'étang.

GRONDER
Faire entendre un bruit sourd.

GUÉ
Où l'on peut traverser la rivière sans être trempé jusqu'aux os.

GUÉRI
Qui ne peut plus maux dire.

GUERRE
Elle a fait rouler les tambours, avant qu'on y mette un frein.

GUET
Sentinelle, ou fait être sur ses gardes.

GUEUX
Ses vêtements avaient beau être en pièces,
il n'aurait pas refusé quelque menue monnaie.

GUI
Il fait des branches un peu plier.

GUIDER
Tenir les rênes comme les rennes.

GUIRLANDES
Elles sont montées pour être des fêtes.
Pour l'accueil, on leur réserve l'aire des lampions.

GUSTATIF
Qui relève d'une question de goût.

HABILLEUSE
Femme d'affaires.

HABITATION
Home protecteur.

HAÏR
Exprimer une version de l'aversion.

HAN
Cri des forts.

HARDIES
Culottées ou sans culotte.

HARPIE
Femme de (mauvais) caractère.

HÂTIVEMENT
En fonçant, comme l'éclair.
Sans traîner, tel un sprinter.

HAUT
Plutôt bien élevé.

HEAUME
Il prenait la tête des gens d'armes.

HÉMORRAGIE
Elle donne « sang » ne plus s'arrêter l'air en saignement.

HEP
Fait l'appel.

HERBORISTE
Il a un faible pour les simples.

HERSE
Instrument à dents.

HÊTRAIE
Hêtres en quantité.

HEURT
Coup dur.

HIE
Une vieille dame qui ne bat guère plus le pavé.

HIER
Est veille.

HIÉRATIQUE
Qui hérite de traditions et rites.

HIÉROGLYPHES
Champollion en a découvert le sens des mots mis.

HIRONDELLE
Un agent qu'on aurait imaginé faire la ronde en queue-de-pie.

HISTOIRE
Conte de faits.

HORIZONTAL
Dont tous les éléments sont de même niveau.

HOUE
Elle fait plus que le ras des champs.

HUE
Imite la hulotte ou traite de noms d'oiseaux.

HUÉ
Pris à partie par parti pris.

HUÉE
Sifflée, mais pas d'admiration.

HUILER
Graisser la pâte.

HUM
Expression d'un doute.

HUMIDIFIÉS
À l'excès, peuvent finir par dégoutter.

HYPNOTISÉS
Passés de la suggestion à la sujétion.

IAMBE
Ce pied rime avec jambe.

IBIS
On peut lui faire avaler des couleuvres.

ICI
Ne cherchons pas plus loin !
Le palindrome le plus proche.

ICTÈRE
On en fait une jaunisse.
Il faut être trop à bile pour l'avoir.

IDÉE
Fruit des pensées.

IDIOME
Manière de mots dire.

IDIOMES
Ils donnent l'occasion de se servir de la langue.

IDIOTIES
De curieuses « bêtes » sans queue ni tête.

IDOINE
Bien comme il faut.

IDOLES
On les trouve parfois à l'autel.

IÉNA
Les Prussiens n'y ont vu que du bleu.
Napoléon n'en est pas revenu bredouille,
bien qu'il y soit allé pour le roi de Prusse.

IEPER
En flamand, ville que 1918 laissa en cendres.

IF
Il finit de vider les bouteilles.
Il vide les bouteilles jusqu'à la dernière goutte.

IGLOU
Demeure de glace.

I.G.N.
Spécialiste en jeux de cartes.
Invite à mettre cartes sur table.

IGNÉ
Qui peut faire des cendres.

IGNORÉ
Comme s'il n'existait pas !

ÎLE
Critère pour vigie.

D'elle la mer est enceinte.

Une « entre côtes », en quelque sorte.

Elle fait office de refuge pour qui se perd en mer.

ÎLES
Vierges des Antilles.

ÎLET
Hameau localisé au monde antillais.

ILIEN
Il habite l'île.

ILLÉGALITÉ
État hors-la-loi.

ILLÉGITIME
Injustifié ou tel un justicier.

ILLOGIQUES
Qui ne tiennent pas debout.

IMAGINÉES
Vues de l'esprit.

IMBU
L'être de « soi-m'aime » est narcissique.

IMBUES
Pleines d'idées... fixes.

IMITER
Copier ou piller des idées.

IMITE
Fait des faux.

IMMÉDIATES
Beaucoup plus vites que dans l'instant-année.

IMMOBILIER
Des hommes d'affaires y changent la pierre en or.

IMPOSSIBLE
Qui n'offre pas de solution, même à l'anti-sceptique.

IMPRÉSARIO
A ses entrées chez les artistes.

IMPRESSION
Elle fait jeter l'encre.

IN-SEIZE
Vient d'une feuille plus qu'un peu pliée.

INACCENTUÉ
Qui peut désaxer par son oubli des accents.

INCARNÉ
Bien en chair.

INCINÉRATEUR
Les déchets y sont acheminés pour être brûlés.

INCISE
Sans sa part, une phrase garde un sens à part.

INCRÉDULE
Vraie sceptique.

INDE
Elle est connue pour ses ports comme pour ses cochons.

INDICATIFS
Signes de reconnaissance.

INDIGOTINE
Que ce principe soit violet, ce n'est pas un secret.

INDUE
Une certaine heure.

INÉDITES
Telles des nouvelles... nouvelles.

INÉLÉGANCE
En gros, c'est un manque de finesse.

INÉLÉGANTE
Sans aucun signe de distinction.

INERTE
Tel que l'on vît sans vie.

INESPÉRÉ
Dont on ne revient pas !

INGÉRÉ
Qui n'est pas resté en travers de la gorge.

INIQUITÉ
C'est la faute du pécheur.

INITIATEUR
C'est toujours lui qui commence !

INNÉ
Tel un cadeau des fées.

INNOCENTÉS
Blanchis après avoir pris un savon.

INNOVE
Fait la preuve par neuf de son imagination.

INO
Une mère qui n'a pas craint de se jeter à l'eau.

INOFFENSIF
Qui ne devrait pas donner de chaud effroi.

INONDATION
Voit le lit déborder.
Quand la nature réagit de façon crue.
De quoi appeler les pompiers en criant à l'eau !

INOUÏ
Qui fait écarquiller les yeux et n'en pas croire ses oreilles.

INOX
Qualifie un métal bien couvert.

INSÉCABLE
Rien à faire, on n'y coupera pas !

INSÉRER
Introduire en certain milieu.
Inviter à lire entre les lignes.

INSERT
Gros plan dans une certaine culture.

INSOMNIE
Trouble de la personne alitée.

INSTITUTEUR
Homme de classe.

INSU
Ce mot a un sens caché !

INTAILLE
Elle est en creux, sympathique aux yeux des dames.

INTELLECTUEL
Tête chercheuse.

INTELLIGENCE
Elle est possédée par un esprit.

INTENTIONS
C'est à juste titre qu'elles priment l'action.

INTER
Ancien joueur de football.

INTERCALER
Insérer... les rangs.
Faire entrer dans le rang.
Mettre entre le marteau et l'enclume.

INTÉRESSER
Partager le gâteau.

INTÉRÊT
Résultat d'une bonne action.

INTERLUDES
Divers divertissements.

INTERNÉ
Perdu dans un monde fou.

INTRORSE
Qui va en dedans, en parlant d'anthères.

INTUITIONS
Révélations spontanées.

INUIT
Homme des glaces.
Il n'est pas loin de la pôle position.

INULE
On peut la sentir aunée.

INUSITÉ
Sans emploi ou à l'emploi occasionnel.

Io
Zeus l'envoya paître.

L'amour la transforma.

Génisse au coeur de lion.

Elle fut victime d'une vacherie.

Fut métamorphosée par l'amour de Zeus.

C'est aux prés de Zeus qu'elle fut envoyée.

Elle a eu tout le temps de ruminer, de vaquer.

IODÉE
Odeur quelque peu à mer.

Terme qui va de pair avec la mer.

ION
Un groupe qui a ses atomes crochus.

IONIENNE
Nom d'une belle mer.

IPÉ
Bois en milieu humide.

IPÉCA
Il fait rendre à contrecœur.

IRA
Promesse de se rendre.

IRANIEN
Auteur d'un authentique cri persan.

IRASCIBLES
Qui prennent facilement la mouche, trouvant aisément leur cible.

IRE
Une colère presque oubliée.

Colère passée depuis longtemps.

Une vieille colère qui tire à sa fin.

Une vieille colère qui finit en queue de poire.

Colère qui n'a plus cours, même pour le rancunier.

IRIDOLOGIE
Elle observe la pupille en l'état.

Elle a à l'oeil notre état de santé.

Discipline à laquelle on ne saurait se soumettre les yeux fermés.

IRISER
Prendre certains tons.

Faire apparaître un spectre.

I.R.M.
Une imagerie qui n'est pas d'Épinal.

IRONE
Cétone elle-même.

Le parfumeur y reconnaît l'iris les yeux fermés.

IRONIE
Un esprit quelquefois mal vu.

IRONISER
Lancer des pointes.

IRRÉALISÉ
À l'état latent.

Pas fait ou non exaucé par les fées.

IRRÉALISÉE
Latente ou dans l'attente.

IRRÉGULIER
Qui s'écarte de l'uniforme.
Qui s'écarte d'un type normal.

IRRÉLIGION
Crise de foi.
Si elle est rite, c'est du service athée.

IRRÉSOLU
Qui ne sait sur quel pied danser.

IRRITER
Faire devenir rouge.

IRRITATION
Si elle fait les gorges chaudes, toux vient de là.

ISABELLE
Robe portée sur les champs de courses.

ISARD
Il aime les cols buissonniers.

ISATIS
Vieux bleu.

ISBA
Home russe.
Home de bois.

ISERAN
Pour les routiers, c'est un col porteur.
Laisse passer des flèches en direction de l'Arc.

ISIAQUE
Plutôt fertile, pour un culte !

ISIS
Présidait à la médecine, entre autres facultés.

ISO
Cible un domaine sensible.
Évoque certaines sensibilités.

ISOÈTE
Dans le lac ou l'étang, c'est là qu'il passe son temps.

ISSAMBRES
Station qui vit près des Maures.

ISSUE
Par ici la sortie !
On peut y voir le bout du tunnel.

ISSUES
Là, les passages se créent.
Des moyens de s'en sortir.

ISTAR
Déesse sémitique, c'est mythique.

ITALIENNES
Filles d'un pays entre deux mers.

ITALIENS
On les dit par tradition très Rome antique.

ITE
La messe est dite, à la fin.
Termine la visite, à l'église.
Début d'une formule latine en fin de rite.

ITEM

La même chose !

Là est la question.

Pour qui émet des tests.

ITINÉRANTE

Qui va par monts et par vaux ou de port en port.

ITOU

Après certain tralala.

IULE

Il compose avec des plantes qui se décomposent.

Ce mille-pattes s'enroule comme une coquillette.

IVE

Plante des jachères qu'on peut avoir pour rien.

Si elle est des jachères, elle n'en est pas pour autant inaccessible.

IVOIRE

Il fait prendre la défense des éléphants.

IVRE

Qui a bu avec abus.

Pour sûr, qui est soûl.

IXIAS

Fleurs de couleurs en Afrique du Sud.

JARS

Homme de l'oie.

JOUER

Faire l'amusette ou la musette.

JOURNELLEMENT

Qui ne connaît pas un jour sans.

LABEL

Il estampille en mieux.

LAC

Sorte d'entre-côtes.

LACÉ

Tenu par un lien.

LACET

Sert à serrer.

LACTATION

Voit le petit mis au lait.

LAD

Il bichonne l'étalon jusqu'aux pieds.
Parfait homme de cheval, alors sans tort.

LAI

Religieux porté sur le matériel.

LAIE

Elle n'est pas percée sans forêt.

LAINE

D'abord sur le mouton, elle finit sur l'écheveau.

LAISSE

Achat pour chien.

LAISSER

Garder ou abandonner.

LAIT

Le meilleur du pis.

LAITÉ
Ainsi prêt, paré, le poisson fraie.

LAITUES
Si elles accompagnent les poulets, c'est grâce au panier à salades.

LAÏUS
Mots dits par de loquaces orateurs.

LAMÉ
En partie métallique.
Il brille dans les réceptions.

LANCES
Certaines sont à jet.

LANIÈRE
Traditionnellement faite cuir.

LANTERNES
Elles sont sensibles aux allumeuses.

LAPE
Fait marcher sa langue.

LAPONS
Gars du nord.

LARMES
De quoi pleurer.

LASER
On en connaît un rayon.

LASTING
Qui le détient a de l'étoffe !

LATÉRAL
Qui a été mis de côté.

LATTER
Permettre d'aller sur les planches.

LAVAGE
Une histoire d'eau.

LAVANDE
Mauve essence.

LAVE
Résultat d'une fusion.

LAVIS
Peut faire briller les toiles.
Il se couche sur la toile mais rarement il dore.

LÉ
A de l'étoffe, largement.
Il en faut plus d'un pour faire le mur.

LÉGATAIRES
Qui ont de qui tenir.

LÉGENDAIRE
Comme le loup-garou ou connu comme le loup blanc.

LÉGÈRETÉ
Qualité de plume.

LEI
Dans un ordre de valeurs, il pousserait à la queue le leu.

LENA
Un cours russe, très long.

LÉNITIFS
Calmants sans prescription.

LENS
Une ville qui a compté des mineurs en majorité.
Une ville où « aller au charbon » a pris tout son sel.

LENTES
Les poux futurs.

LENTO
En musique, lent temps.

LÉOPARD
La peau de ce félin est couramment tachetée.

LÉS
Ils se voient sous les jupes.

LÈSE
En faire précéder la majesté est un crime.

LÉSER
Mettre des bâtons dans les roues ou empêcher de tourner en rond.

LESTE
Fait prendre du poids.

LESTEMENT
D'une façon alerte, comme pour la donner.

LET
Un peu de tennis dans le filet.

LÉTALE
Jusqu'à ce que mort s'ensuive.
Le mot de la fin, à certaine dose.

LEU
Doublé, il se retrouve à la queue.

LEURRÉE
Trompée par leurre.

LEURS
À d'autres !
Sont possédés.

LEV
Dans un règlement de compte en Bulgarie.

LEVÉES
Plis, ou ramassages de plis.

LÉVITER
Ne plus avoir les pieds sur terre.

LÉVITATION
Si cette ascension ne leur convient pas,
les esprits terre à terre peuvent toujours l'éviter.

LI
Sur un itinéraire chinois.
Fait bonne mesure en Chine.
Au temps de la Chine sage et mesurée.

LIAGE
Effet de bouts de ficelles.
Il fait se mettre à l'attache.

LIANT
Bonne pâte.

LICES
L'entourage de la cour.

LIE
Elle touche le fond.

Elle fait les fonds de bouteilles.

Dépôt de vin qu'on ne verse pas.

Fait un dépôt, même quand il n'y a plus de liquide.

LIED
Au Moyen Âge, déjà, il faisait entendre des voix.

LIÉE
Tenue par l'accord ou par la corde.

Qui a la corde au cou ou toute forme d'attache... ment.

LIÈGE, LIÈGE
Belge, ou tissu fourni par l'écorce.

LIEN
Il est attachant.

Indice pensable pour une enquête.

LIER
Faire les bottes.

Tirer les ficelles.

Joindre les deux bouts.

LIERRE
Ses baies noires sont déconseillées.

LIÈVRE
Gîtant, pas nomade.

Entraîneur aux courses.

Adepte des gîtes ruraux.

Il vit constamment en dépression mais s'en porte bien.

LIGOTE
Crée des liens.

LIGUÉ
Lié ou allié.

LILLE
Flamande capitale pour des Bourguignons.

LIMER
Rendre poli.

LIMÉS
Polis sont !

LIMIER
Ce chien, pour la chasse, accourt !
Pour trouver la piste, il faut qu'il soit fin.

LIN
Il est plutôt fleur bleue.

LINGOTIÈRE
Espèce de moule.
L'argent liquide s'y trouve habillé.

LIONCEAU
Membre d'une famille royale.

LIPOSUCCION
Voyage en graisse.

LIRA
Lire en italien.

LIRE
Monnaie du pape.
Déchiffrer des lettres.

LIS
Ces lettres prises à Louis sont un symbole royal.

LISERON
Plante attachante.

LISEUSES
Pour qui lit au lit, elles sont à la page.

LISSÉE
Rendue polie.

LISTE
Ce qu'ont certains chevaux en tête.

LIT
Un endroit de rêves.
On préfère le garder si ça ne va pas.
Compulse un ouvrage ou se dissimule sous la couverture.

LITERIE
Elle peut nous mettre dans de beaux draps.

LITIÈRE
Elle met sur la paille.

LITTÉRALE
Dans l'esprit de la lettre.

LITTÉRATURE
Elle ne qualifie pas n'importe quel écrit vain.

LIURE
Elle lie des pièces.

LOCALES
Qualificatif général de situations particulières.

LOCATIVE
Sa valeur peut attendre le nombre des années.

LOFER
Aller dans le sens du vent.

LOGÉE
Mise en demeure.

LOI
Cadre ou encadre.
C'est la règle, sinon le bâton !
Légalité censée établir l'égalité.
Produit de nécessité, selon l'adage.

LOIS
Raisons d'état.

LONG
Grand, en un sens.

LONGER
Passer à côté.

LONGITUDES
Globalement, elles font le tour du monde.

LORD
Homme de Chambre.

LOT
Le gros enrichit.

LOTERIE
Elle provoque certains tirages.
Ne laisse pas sans gain celui qui a de la veine.
Elle s'appuie sur l'heureux sort pour faire bondir de joie.

LOTES
Ces poissons fraient en eau douce.

LOTIE
Bien ou mal, c'est une question de chance comme de sens.

LOTS
Plus ils sont gros, plus on les apprécie.

LOTUS
Plante qui affleure.

LOUE
Vante ou ne donne pas à la vente.

LOUER
Faire l'éloge ou loger.

LOUEUSES
Au fond... elles baillent !

LOUTRES
Elles vivent dans l'océan, pacifiques.

LOUVE
Elle est de taille à lever les pierres.

LUETTE
Elle travaille au palais.
Elle prolonge le port du voile au palais.

LUETTES
Elles travaillent à la fermeture de vraies fosses.

LUI
Un mot pour un autre.

LUIRE
Se manifester brillamment.

LUMINOSITÉ
Signe apparent d'un des astres.

LUNE
A son clair, vu de nos terres.

LUNÉE
Soumise à un des astres.

LURETTE
Belle en son expression.

LUSTRÉ
Qui brille comme un sou neuf... ou par usure.

LUTH
Il fut de bon ton d'en pincer pour ses cordes.

LUTTE
Un jeu de mains qui ne date pas d'hier.

LUXE
Fait un trop brusque mouvement d'os.

MAGE
Dans le marc, lit, devin.

MAILLONS
Tous en chaîne !

MAIN
Quand elle est courante, on s'y tient.

MAINTENANT
Empêchant de partir comme à partir de cet instant.

MAINTS
Grand nombre.

MAIS
Mot d'esprit... de contradiction.

MALENTENDU
Non ouï clairement.

MALT
Il participe à la mise en bière.

MANIFESTANTS
Il tenaient le haut du pavé en mai 68.

MANŒUVRE
Régime permettant d'arriver à ses fins.
Homme de main, plus rare aujourd'hui.

MARI
Homme à femme.
Moitié d'un couple.

MARIÉE
Elle a dit oui pour un nom.

MARINES
Les toiles de mer.

MARI
Autre nom d'époux.

MARIAGE
Ferait-il, au fil du temps, autant de mâles heureux que marris ?

MASSAGE
Adoucisseur-dos.

MASTIC
Bouche-trous.

MATÉRIALISTE
Homme de biens.

MATIÈRE
Apprise à l'école, première à l'usine.

MATOU
Nom d'un chat !

MATURITÉ
Fait d'arriver à point.

ME
Dans la gamme.
S'exprime en fin, réfléchi.
Personnel commençant le mercredi.
Petit bout d'homme, petit bout de femme.

MEC
Ça, c'est un homme !

MÉDIUMNITÉ
Faculté des sens.
Elle requiert beaucoup d'esprit(s).

MÉDOC
Il est simplement dit vin.

MÉGÈRES
Ménagères sans aucun ménagement.
Des ménagères qui n'y vont pas avec le dos de la cuillère.

MÉLANGEURS
Ils évitent le chaud et le froid.
Ont deux têtes pour un seul bec.

MÉMÉS
De l'enfant aînées.

MÉNAGEMENT
L'art et la manière de prendre avec des pincettes.

MÉNAGÈRES
Femmes qui s'occupent de leur home.

MENÉE
Sert au cerf volant vers le salut.

MENTIR
Mêler le faux à l'info.
Faire une fausse déclaration.
Ne pas donner de vraies infos.

MER
De l'eau, ça l'est.
Elle passe facilement de vagues à lames.
Elle peut être en même temps claire et vagues.

MÉRITANT
Que l'on peut louer, mais aussi décorer.

MÉRITER
Avoir droit à une considération distinguée.

MÉSANGE
Même charbonnière, elle ne fait pas partie d'un genre mineur.

MET
Mettre à moitié et à gauche.

MÉTIS
Sang-mêlé.

METTRE
Poser ou déposer.

MEUBLE
Pièce de pièce.

MEUBLER
Être en des rangements.

MEULE
Passe au moulin.

MEURT
S'éteint livide.

MEUTE
Ses éléments, déchaînés, pour la chasse accourent.

MIAM
Il s'émet pour les mets aimés.
Dans la bouche de qui veut les mets.

MIE
Une vieille amie.

MIEL
Il faut un nectar pour le produire.

MIELLEUSES
Qui s'avèrent fausses, pour peu que l'on creuse.

MIEN
À moi !
Mine brouillée.

MIETTE
Un tout petit peu de pain.

MIGNON

Péché ou pris dans le filet.

MIGRE

Va voir ailleurs.

MIL

Petit grain.

MILANAIS

Jeune ou personne âgée de Milan.

MILE

Mesure une terre anglaise.

MIMÉE

Exprimée sans mot dire.

MINE

Où, hier, on allait au charbon, faisait carrière.

MINÉE

Bien sapée.

Attaquée à la base.

MIRÉE

Vue dans la glace.

MIRERA

D'un œuf sera envieux ?

MIROIR

C'est grâce à son fond de tain que la coquette peut se poudrer.

MIROITÉ

Qui ne manque pas de réflexion.

MIS
Mettre d'une certaine façon.

MISE
Manière d'être.

Joue une pièce.

Enjeu ou démon... du jeu !

Met l'enjeu ou tente le diable.

MISSION
Elle va de pair avec le Jésuite.

MITE
Elle attaque les mailles.

MIXTE
Qui mêle les deux sexes.

MODÉRATEUR
Il invite à mettre de l'eau dans son vin.

MOI
Un rapport au je.

Renforce le je de l'ego.

MOINE
Se soumettre à la clôture est pour lui un commencement.

MOITIÉ
Juste milieu.

MOL
C'est mou !

MOMIES
Elles sont en bandes, question de survie !

MONOCLE
Un verre à l'œil.

MONT
C'est un pic, c'est un roc... mais pas une péninsule !

MONTMARTRE
Saint-Pierre en est le gardien de butte.

MOQUEUR
Un drôle d'oiseau.

MORSE
Mode de communication qui va des points aux traits et très au point.

MORT
Le mot de la fin.

MORTALITÉ
La faim du monde en est une cause.

MORUE
Un poisson courant dans les eaux froides ? Ça l'est.

MOT
Lettres suivies.

MOTTES
Assises rendant plus culotté le siège des châteaux-forts.

MOU
Tendre et impossible à tendre.

MOULAGE
Il peut se faire verser de l'argent liquide.

MOULES
Pour copies qu'on forme !

MOUTURE
Pour un bon café elle n'est pas contre eau versée.

MÛ
C'est mouvoir, en un sens.

MUE
Elle met de bon poil.
Changement de voix... et parfois d'orientation.

MUR
Objet de séparation.
Il se fait et se défait à coups de mortier.

MURMURE
Il pourrait bien s'entendre avec un bruit sourd.

MUSC
Venant d'un cervidé, au parfum sert.

MUSE
Avec elle on se fait des idées.

MUSÉE
Des nus s'exposent là.
On peut y faire les poussières mais on laisse les toiles d'art régner.

MUSIQUE
Elle fait valser les notes.

MUST
À la mode, mais pas de chez nous (angl.).

MUTATIONS
Changements d'aires.

MUTÈRENT
À d'autres tâches ménagèrent... ou déménagèrent.

MUTILANT
Défigurant.

MYSTÈRE
Il a souvent sa propre clef.

MYSTICISME
Fait de l'esprit.

NA
Non d'enfant.
La moitié de la nana.
Fait mi-nain ou moitié femme.

NACELLE
Un panier qui va au ballon.

NAGEUSE
C'est de l'eau, qu'elle brasse, et si elle boit c'est la tasse.

NAÏADE
Peut tenir la vedette dans une histoire d'eau.

NAISSANCE
Entrée en matière.
Terme d'accouchement.

NAÎT
Arrive à grands cris.

NAÎTRE
Commencer à vivre... en corps.

NANA
C'est une fille !

NANTES
Ville de l'ouest armoricain.

NANTIES
Qui ont tout, des atours, des atouts.

NAOS
Celui-ci est comme cella.

NARD
Graminée ou herbe-aux-chats.

NARDS
On peut les voir de près dans les pâtures.

NARINE
Conduit à de vraies fosses.

NARRATIVES
En relation avec un conte de faits.

NASES
Fêlés ou même cassés.

NASSE
Panier de pêches.
Arrête des poissons.
Les poissons s'y fraient... rarement le passage !

NATTE
De la paille, elle en est tissu.
Elle peut être faite en brins par la mère.
Elle fait se retrouver sur la paille... entrelacée.

NAUFRAGE
Dégâts de la marine.

NAUSÉES
Le mal de mère d'une future maman.

NAVET
Il peut s'accompagner de tomates sur les planches.

NÉCROMANCIENS
Ils interrogent les trépassés pour connaître l'avenir.

NEF
Elle va du chœur jusqu'aux vaisseaux.

NÉFASTE
Qui peut en faire, du mal !

NÈFLES
Clous d'une expression.

NEIGE
Elle fait les cheveux blancs.
Elle se met facilement en boule.

NEM
Crêpe-riz à l'orient.

NÉNIES
Chant du « départ ».

NENNI
C'est non !

NÉON
À son enseigne, on peut dire que c'est une lumière !

NÉRÉIS
Vers d'eau.

NÉRON
Cet empereur de la Rome antique n'était guère un tendre !

NERVEUSES
Qui ont comme un nerf agacé.

NERVURE
Une ligne sur la feuille.

NÉS
Mis hors d'oeufs.
Associés à nouveaux dans les maternités.

NET
Qui a l'air détaché.
Tel un travail sans tache.
De conception immaculée.
Bien marqué ou sans marque.
A un sens propre, même au figuré.

NETTETÉ
Eh bien, c'est du propre !

NETTOIE
A les plats nets en vue.

NEUTRALITÉ
Spécialité helvétique.
Elle peut être prise à partie, bien qu'elle soit sans parti pris.

NEUTRE
Indifférent aux différends.

NEUTRINOS
Élémentaires, ces particules !

NEUVE
Sortie d'usine.
Nouvelle et généralement bonne.

NEZ
Organe indispensable à l'un des sens.

NIAGARA
Chutes !
Théâtre de chutes interminables.

NIAISE
On lui dirait « sotte ! » qu'elle serait capable de se jeter dans le vide...

NICÉE
Où l'on a pu dire : « s'il y a concile y a bulle ».

NIDS
Abris côtiers pour fruits de mer.
Ils mettent les oiseaux sur la paille.

NIE
Dit non sans fin ou ne se met pas à table.

NIÈCE
Fille à tata.
Parente de frère ou de sir.

NIELLE
Elle croît sur le champ.

NIER
Manquer de reconnaissance.
Ne croire en rien ou l'écrire dans le désordre.

NIGELLES
Elles sont fleurs bleues.

NINIVE
Elle dominait le Tigre.

NIRVANA
Haut sommet de l'Inde.

NITRATE
Il peut être d'argent.

NITRÉE
Soumise à un agent agressif.

NIVEAU
C'est, en un sens, le pendant du fil à plomb.

NIVELEUR
Spécialiste du passage à niveau.

NÔ
Se voit sur des planches exotiques.

NOBILIAIRE
Catalogue de luxe.

NOCE
Les fiançailles y mènent.

NODAL
Qui a du cœur.

NODULE
Concrètement, c'est une concrétion.

NOÉ
Il a mené pas mal de monde en bateau.
Ce n'est pas des zoos qu'il a sauvé les animaux.
L'un des premiers « eaux-logistes », sans aucun doute !

NOËLS
Ils font beaucoup d'enfants enjoués.

NŒUD
Il serre à créer des liens.

NOIE
Met de l'eau dans son vin, un peu trop...

NOIR
Comme si c'était teint... aux couleurs de la nuit.

NOIRCIR
Travailler au noir.

NOISETIERS
Ils mènent les sourciers à la baguette.

NOM
Il permet de s'appeler.

NOMMER
Dire nom.
Appeler un chat un chat.

NON
Mot dit par celui qui est contre.

NON-SENS
Ne veut rien dire.

NONCE
Type de sous-pape.

NOS
C'est à nous !

NOTA
Annotation... dans la notation.

NOTAIRES
Ils sont passés maîtres en l'exercice de leur métier.

NOTARIÉ
Un acte en une ou plusieurs pièces.

NOTE
Elle est de service dans les bureaux.

NOTIONS
Avec elles, on se fait des idées !

NOUER
Créer des liens.

NOUES
Réunions aux sommets.

NOUÉS
Bien ficelés.

NOURRI
En tétée.

NOURRISSON
Petit homme de tète.
Il peut barboter mais n'est pas encore en âge libre.

NOUS
Je royal.
Un je à plusieurs.
Société en nom collectif.

NOVAE
L'étoile à surexposition temporaire.

NUE
Prête à porter.

Qui a tout quitté.

Sans dessus ni dessous.

Qui se trouve hors d'affaires.

Qui n'a aucune tenue ou tenue en partie.

NUÉE

Important vol d'oiseaux.

Annonce le grain et menace la récolte.

Elle peut être considérée comme un vol.

NUER

Changer de ton.

NUISETTES

Tenues de soirées.

NUIT

Fait de l'ombre.

NUL

Vaut rien.

Moins que rien ou deux fois rien.

NURSE

Elle est bien bonne !

Bonne pour les enfants.

OBI

Ceint au Japon.

Serre-taille en Extrême-Orient.

OBIT

Service mortuaire à des fins honorifiques.

OBJECTION

C'est mais.

OBLIGATION
Elle fait l'objet d'intérêt, à juste titre.

OBLITÉRER
Donner un certain cachet.

OC
Une langue dans la poche.

OCARINA
Instrument à vent, encore aujourd'hui.

OCCASIONNE
Fait de l'effet.

OCÉAN
Beaucoup d'eau ici-bas !

OCRER
Jeter quelque lumière sur les toiles en les teignant.

OCRES
Comme les tons cuivre.

ODE
Des lignes de chant.
Parole d'échanson : serait-elle en vers, ce n'est point à boire !

ŒIL
Il donne une certaine vision des choses.

ŒILLADE
Pour la voir, il faut avoir le coup d'œil.

ŒILLÈRES
Trempent ou trompent l'œil.

ŒILS
Ils permettent de voir à travers les portes.

OFFRIR
Penser au présent.

OGIVE
Arc bandé sous la flèche.
Fréquente dans l'art goth...ique.

OGRES
Ils adorent les enfants.
Ils n'ont pas petit appétit mais l'appétit des petits.

OHM
Mot d'usage courant pour un électricien.

OIE
L'élever est une question de foie.
N'occupe pas le dessus du pas niais.
Son élevage est une profession de foie.

OIES
Elles doivent abandonner leur foie pour une fin d'année.

OÏL
Oui, il y a longtemps.

OINT
Pour bien fonctionner, l'huis l'est.

OINTES
Protégées par des huiles.

OISEAU
Membre de la gent de plume, il ignore l'agent littéraire.

OISELEUR

On le reconnaît à vol d'oiseaux.

OISELLES

Petites dindes.

OISIVE

Apparemment sans tache.

OISIVETÉ

Elle fait ne rien faire.

OLÉ

Osé quand on le double.

Encourage le roi de l'arène.

Quand l'arène est chaude, s'entend.

Le cri du chœur pour le « roi de pique ».

OLIVES

Se répètent dans un chapelet.

OMERTA

Elle impose le vœu de silence.

Jamais sa loi les langues ne délie.

ONAGRES

Leur étude les identifie en tant qu'œnothères.

ONCTUEUSES

Comme des mousses que nous savons douces.

ONDE

Des ronds dans l'eau.

ONDÉE

Fait les poules mouiller et les vers tremper.

ONDULATION
Donne de l'effet à la grande boucle.
Quand on dit vague, on peut clairement y penser.

ONIRISME
Un moment de rêve.

O.P.A.
Action sur titres.

OPÉRATEURS
Pour diviser ou multiplier, on ne saurait s'y soustraire.

OPÉRER
Traiter des calculs.

OPINELS
Dans leur corps peut rentrer lame à volonté.

OPINENT
Du chef marquent leur accord.

OPINIÂTRES
Qui s'entêtent encore et encore.

OPPORTUNISTE
Il tire parti de tout.

OPTER
Arriver à prendre parti.

OR
Brillant étalon.
Partie de trésor.
Un métal d'orfèvre.
Il vaut sûrement plus que... dissous !
C'est avec le jaune qu'on achète le noir.

Sert à une transition, comme à une transaction.

ORACLES
Pour un athée, il serait dit vain d'attendre leur réponse.

ORALE
De bouche à oreille.

Qui se dit par la voie de la parole.

ORANGE
Son expression est juteuse.

Nul besoin de la nommer pour la peler.

ORANGERAIE
On y trouve, sans problème, des fruits à pépins.

ORATOIRE
C'est une façon de parler !

ÖRE
Division scandinave.

Partie de la couronne.

ORÉE
Bout de bois.

Le coin du bois.

OREILLE
Est spécialisée dans la prise de son.

ORGANISTES
Ils ne se font pas prier pour jouer dans les lieux saints.

ORGES
Fauchées, elles finissent en bières.

ORIENT
Quel que soit l'empire, c'est l'est.

ORNE
Pare, décore ou pare des corps.

ORNEMENT
Il peut faire le pied beau.

ORNER
Faire le beau.
Décorer des corps.

ORNIÈRE
Elle pouvait renverser le pouvoir au temps où il roulait carrosse.

ORPHIE
Bécassine à la mer.

ORS
Ces fils ont contribué à voir les arts régner.

ORTEIL
Là, le cor a corps.
Cible d'authentiques casse-pieds.

ORTIE
Qui s'y frotte s'y pique !

O.S.
Un ouvrier à la fin du repos.

OSANT
Participe de l'audace.

OSCILLAIRE
Espèce filamenteuse, en vérité

OSE
Tente là tout.
Se permet bien des choses !

Risque sa chemise ou va sans culotte.

Prend des risques ou tente sa chance.

Tente peut-être le coup avec rage, sinon avec courage.

OSÉ

Cru, chaud.

OSÉE

Un peu verte.

Salée ou pimentée.

Plutôt crue ou plutôt chaude ?

OSER

Prendre le taureau par les cornes,

se lancer dans l'arène ou être olé olé !

Franchir le Rubicon ou se jeter à l'eau.

Tenter l'atout, pour le coup, ou le tout pour le tout.

OSIER

On ne peut pas nier que ce saule puisse être un peu plié !

OSSATURE

Que d'os, que d'os !

OSSELET

Un peu d'os.

OSSU

Sec ou plein d'os.

OST

L'armée, naguère.

OSTENSIBLE

Qui se fait bien voir.

Voyant, mais ne dit pas la bonne aventure.

OTAGES

Ils sont tous contraints.

Pris pour être négociés.

Une monnaie d'échange qui fait en ravir plus d'un.

OTARIE

Reine des glaces.

Habitante de l'hémisphère Sud.

ÔTER

Faire un prélèvement.

Prendre partie, à tout le moins.

ÔTÉ

Tiré à vue.

Tiré à part.

Tiré partie.

Mis de côté.

Enlevé et sauf.

Extrait... en totalité.

OTITE

Met le feu au pavillon.

Elle est comprise dans les maux qui ne sont pas doux à l'oreille.

OUBLIER

Perdre connaissance.

OUI

Mot dit pour toujours, c'est promis !

Mot dit au mariage, maudit au divorce.

OUÏ-DIRE

Bruits de couloirs.

OUÏE
Bien entendue !
Ouverture au violon.
Est nécessaire à la prise de son.

OUR
Ex-cité.

OURAL
Montagnes russes.

OUSTE
Du balai !
S'emploie pour chasser.
Envoie au diable ou dit adieu !

OUT
Tant frappé qu'il n'est plus dans le coup.
C'est la fin de tout, surtout pour un boxeur !

OUTILLÉ
Qui a ce qu'il faut pour travailler sur le champ.

OUTRANCIER
Dans l'énorme... pas dans les normes.

OUTRE
Précède la mesure pour la dépasser.

OUTRER
Aller trop loin.

OVE
Même ancien, cet ornement ressemble à un œuf.

OVULE
Travaille à la reproduction.

OZONE

Écran solaire.

PAIN

La mie de chaque jour.

PAIR

S'il garde la Chambre, c'est qu'il n'est pas malade.

PAIX

De par le monde, elle n'est guère durable.

PAL

Il est très pieu.

PALE

Un peu d'aile.

PALUDISME

Causé par un moustique, il se manifeste après un certain temps.

PAMPHLET

Possiblement en vers et contre tous.

PAMPHLÉTAIRE

Il écrit ses papiers sans mâcher ses mots.

PANÉ

C'est cuit !

PANIÈRE

Lieu des anses.

PANSEMENTS

Auxiliaires médicaux.

PAPIER

Affaire d'impression.

PARADER
Aller se faire voir.

PARFUMEURS
En un sens, ce sont des artistes-nez.

PARMI
Dans un certain milieu.

PAROI
Peut être mise en pièce pour diviser.

PART
Reste d'une division.

PASSE
Il se joue sans peine de la gâche.

PASSION
Art d'amants.

PASSIVITÉ
Fait néant, ou le fait de n'avoir rien fait.

PAT
Est vraiment nul aux échecs.
Une formule pour se tirer d'échec.

PÂTRE
Compter les moutons ne doit pas l'endormir.

PATRIARCHE
Personnage et... personne âgée !

PAU
Rivière qui a vu naître Bernadotte et Bernadette.

PAVAGE
Il tient la route, même sinueuse.

PAYSAGE
Vu du ciel, un clair de nos terres.

P.C.
Ordonnateur ou ordinateur.

PEAU
Certains de ses problèmes sont teints gras.

PÊCHE
Pour le poisson, la mort c'est !

PÊCHEUR
A un penchant pour le bord d'eau.

PEINE
Mot pour mal être.

PÈLERINAGE
Aux marchands du temple, il laisse les sous venir.

PENCHANTS
Inclinations pouvant faire toucher le fond.

PENDAISON
Mort sur le cou.

PENDULE
Suit l'écoulement du temps ou va à la source.

PENDULETTE
Petit passe-temps.

PENTE
Inclinaison ou inclination.

PÉON
Argentin désargenté.
Le paysan argentin en est un.

PERCER
Faire son trou.

PÈRE
Au moins une fois parent.

PERMISSIVE
Qui incline à laisser aller, voire laisser râler.

PERVERSITÉ
Penchant de travers.

PESAGE
Enceinte sur le champ.

PESÉ
Tout bien quand on a réfléchi.

PESÉE
Quand sert la balance pour les poissons.

PETIT
Pas bien élevé.

PÉTITION
Nul besoin de papier couché pour y recenser les signataires.

PÉTRIN
Beaux draps.

PÉTROLIÈRE
Qui peut concerner l'essence même.

PEUT
Évoque un certain pouvoir.

PHARE
S'il est éteint, petit navire... se fourvoie.

PHÉROMONES
Ce que l'on émet pour aimer ?

PHOTOGRAPHE
Il travaille pendant la pose.

PHOTOGRAPHIES
Avec elles on n'évite pas les clichés, ni les mises à l'épreuve.

PHRASE
En un mot commençant...

PI
Membre permanent d'un cercle.
Il est transcendant en mathématiques.
Rapport entre deux membres d'un cercle.

PIC
Majeur pour un mineur.
Là-haut, sur la montagne.
Attaque le flanc pour son sommet.

PIED
Il y a vers et verre, mais chacun a le sien !

PIÈTES
Fais comme l'oiseau...

PIEU
C'est clair, il est fait pour être enfoncé.

PIF
Ce nez, que cela !

PIN'S
Affaire montée en épingle.

PINTE
Elle sert à boire.

PIPO
Élève destiné à de hautes fonctions.

PIRATES
Fais des faux.

PIS
Un mot vache, sinon pire.
Chez certaines femelles ou mal.

PISSENLITS
Des dents-de-lion qui ne mordent pas.

PLACEMENTS
Font des ordres en bourse.

PLAN
Dessin ou dessein.

PLAT
Celui de la lame est peu épais.

PLEUTRERIE
Lâcheté pour un vendu.

PLI
Marque-page mal vu du bibliophile.

PNEU
Il est préférable qu'il garde la chambre.

Il n'a pas inventé la roue, mais il l'épouse.

POÈTE
Bohème que le mot ravit.

Il aime les vers, surtout à pieds.

Si on aime ses vers, on boit ses paroles.

POIL
Cil en est un...

POISSONS
Des animaux qu'on voit dans les eaux.

POMPIER
Un corps sert.

PORE
Aussi par la peau lisse, sécrète.

POSTIÈRE
Elle fait son travail avec beaucoup d'adresses.

PRAIRIE
À peu de choses pré.

PRATIQUER
Être usager.

PRÉAU
A sa cour dans les récréations.

PRÉBENDES
Revenu, à juste titre.

PRÉDICATEUR
En prétendant éclairer ses adeptes, il peut se faire despote.

PRÊLE
Elle est forte en spores.

PREMIÈRE
Tête de liste.

PRÉNOMMÉES
Qui s'appellent ?

PRÉSENT
Cadeau, d'aujourd'hui.

PRÉSIDE
Est bien placé pour prendre débats de haut.

PRÉSIDER
Prendre une certaine direction.

PRÉSUMABLE
À certains indices pensable.

PRÉTENDANT
C'est un beau parti, s'il a de bons revenus.

PRÊTRESSE
Elle voue sa science au culte.

PRÉVENANCE
Attention !

PRIE
Comme un cœur meurtri qui s'adresse au Seigneur.

PRIÈRE
Elle fait dire à Dieu.

PRIEURÉ
On y vit toujours par foi.

PRIMATIALE
Qui est attachée à un siège.

PRIS
Qui s'est laissé emporter.

PRISE
Fruit de la pêche.

PRISON
Fait passer séjours à l'ombre.

PRISONNIER
Gardé à vue ou à vie.

PROÉMINENT
Qui se fait remarquer dépassant.

PROIE
Si, face au rapace, telle un rat passe, bientôt en trépasse.

PROLÉTARIENNE
Qui se rapporte à un job qui ne rapporte pas.
Qui se rapporte à un salaire donnant mauvaise mine.

PROMENADES
Allées et venues dans les allées et avenues.

PROSE
Le repos désordonné du poète.

PROU
S'accommode toujours de peu.

PRUNELLE
On l'a toujours à l'oeil.

PRUNES
Compter pour elles ne vaut rien.

PURITAINES
Elles préfèrent les plaisirs de la chaire.

PUT
Pouvoir passé.

PUTAIN
Elle hèle le passant en faisant les cent pas.

P.V.
Papillon vert.

PYRAMIDE
Éminence pharaonique.

QUADRATURE
Terme simple pour la Lune en phase.

QUAI
C'est un peu le champ du départ.

QUART
Moitié moitié.

QUASIMENT
À peu de chose... presque.

QUEL
Souvent premier dans les interrogations.

QUÉMANDER
Faire la manche ou tendre la main.

QUERELLES
Échanges de mots laids, jeux de mains ou coups de pied.

QUÊTER
Tendre la main en visant le cœur.

QUÊTEUR
Si la main il tend, la pièce il attend.

QUÊTEUSE
Si elle tend la main, ce n'est pas pour qu'on la lui prenne.

QUEUE
File au magasin.

QUEUTES
Es malhabile de si mal jouer la bille !

QUEUX
Passe après le maître, en cuisine.

QUI
Un mot qui facilite la relation.

QUIET
Qui est coi, quoi !

QUIÉTUDE
Repos !

QUILLE
Fin de service.

QUINTE
C'est toux.

QUOTIDIENS
Ils font la une tous les jours.

QUOTITÉ
Comme un écot c'est.

Écot logique au regard de la loi.

RA
Fond de roulement.
Coup de baguette donné sur la peau.

RAB
Un mot pour les mets, encore.

RACIALE
Une distinction pas toujours honorable.

RADE
Abri côtier entre deux pêches.

RADIÉ
Barré par d'autres.

RAFIOT
Un bateau qui prend l'eau, à défaut de prendre la mer.

RAIDILLONS
Ils ont la cote auprès des grimpeurs.
Ils laissent les non-grimpeurs pas tentés.

RAIE
Bande, poisson.

RAIL
Il permet certain chemin de faire.
Indispensable pour une mise en train.

RAIMU
Un César pour Pagnol.

RAINURE
Entaille pour le crayon.

RAISONNE
Pense pour ne pas blesser.

RAISONNER
Passer délibérément de jugement en jugement.

RÂLE
A l'air d'en manquer.
Venant des genêts, il est apprécié des gourmets.

RALENTI
Régime économique.

RÂLER
Ne pas avoir l'air facile.

RAMASSEUSE
Son lait est « tournée ».

RAMEAU
Un peu de nerf !

RAMENER
Faire une conduite accompagnée.

RAMONAGE
Ainsi les suies s'essuient.

RAMSÈS
Grandeur pharaonique.

RANCŒUR
Elle se nourrit de ressentiments, pas d'heureux sentiments.

RANÇON
Le prix de la liberté.
Monnaie d'échange.

RANG
Il occupe une certaine position.

RANGEMENTS
Des biens mis à malle.

RANIMER
Donner un coup de fouet.
Faire revenir les esprits, avec ou sans sels.

RAP
Des airs d'Amérique.
Récitation dans le vent sur fond d'air.

RAPIÉCER
Mettre la pièce.

RAQUÉ
Payé d'une manière familière.

RARE
Qui ne court pas les rues.

RARETÉ
Pas courante sur le marché, il faut
se presser pour la voir, voire l'avoir...
Elle peut valoir beaucoup d'argent... ou son pesant d'or.

RAS
Court, toujours.

RASÉ
Qui ne peut donc être tiré par les cheveux.

RASER
Couper court.
S'activer à la peau lisse.

Passer à côté de quelque chose.

RASSÉRÉNÉ
Rendu serein, soucis envolés !

RASSURANT
De nature à faire fuir la peur.

RATAIT
Ne touchait pas !

RATATINÉ
Réduit à sa plus simple expression.

RATONS
Des petits rats malvenus à l'Opéra.

RATURE
Tire un trait sur le passé.
Revient sur ses déclarations.

RAVALEMENT
Travail de façade.
Une manière de faire le mur.

RAVALER
Taire ou mettre plus bas que terre.

RAYONNES
Émets de bonheur.

RÉABSORBER
Se remettre à boire.

RÉAL
L'argent des Espagnols.

RÉALE
Quelle galère !

RÉALÉSER
Travailler aux pièces.

RÉALISÉE
Arrivée en fin.

RÉALISER
Faire son cinéma.

RÉANIMÉ
Revenu à lui, quand bien même les témoins n'en reviendraient pas !

RÉANIMER
Rétablir la circulation.

REBOISEMENT
Il fait le plein d'essences.

RÉBUS
Langage des signes.
Il a un sens « faux nez tique ».

RÉCOMPENSER
Faire un présent pour un mérite passé.

RÉCRIMINER
Accuser de tous les mots.

RECTANGLES
Figures angulaires.

RÉDACTRICE
Pour faire l'article, elle doit éviter l'écrit vain.

RÉDEMPTION
Rachat d'actions peu cotées.

RÉE
Appel dont le cervidé se sert.

RÉÉCRITURE
Elle transforme l'essai.
Elle fait revoir sa copie.

RÉÉDITER
Augmenter en volumes.
Se remettre à l'ouvrage après épuisement.

RÉEL
Pas rêvé.
Un certain nombre.

RÉÉLECTION
Remise en fonctions.

RÉÉLIGIBLE
Qui, en poste, peut recevoir un nouveau mandat.

RÉÉLIRE
Reconduire à la chambre.

RÉÉMETTEUR
Relais de poste.

RÉER
Crier comme une bête à bois.

RÉERONT
Feront comme des cerfs.

RÉFÉRENCES
Utiles pour commander comme pour recommander.

REG

Terre inculte.

Il pourrait s'appeler pierres.

Ce que beaucoup de vent a laissé derrière.

RÉGATE

Elle fait mettre les voiles.

RÉGENTE

Femme d'affaires.

RÉGIME

Parfois le début de la faim.

RÉGIR

Entreprendre les rections.

RÉGISSEUR

Dit gérant, aussi.

RÉGNER

Porter la culotte ou la couronne.

REIN

Où se trouve la pyramide de Malpighi.

Ce n'est pas en vain qu'il transforme le sang.

REINE

Petite, elle roule.

REINES

Leur statut royal les met sur un piédestal.

REIS

À la tête de Turcs.

RÉITÉRATIF

Revenant.

REJETER
Faire un renvoi.

RELIQUAT
Reste d'une opération.

RELIRE
Reprendre connaissance.

RELUIRE
Faire une action d'éclat.

REMISE
De peine, elle libère après délibération.

RÉMITTENT
Avec des périodes entrecoupées, en dents de scie.

REMUÉ
Mû ou ému.

RÊNES
Elles font bouger les mors.

RENFLÉ
Qui a un côté convexe.

RENOM
Opinion sur rue.

RENOUVELER
Remettre à neuf ou repartir de zéro.

RENSEIGNER
Mettre sur la voie.

RENTES
Revenus après des placements.

RENTIÈRE
Ses revenus peuvent être des parts.
Elle peut vivre d'obligations... sauf celle de travailler !

REPAÎTRE
Manger jusqu'à la fin de la faim.

REPASSEUSE
Elle en voit passer, du beau linge !

RÉPÉTITEUR
Il dispense des leçons particulières, en général.

REPLIÉ
Qui s'est mis en quatre ?

REPRISÉ
Apte à résister dans la surface de réparation.

RÉSISTE
Tient tête ou le coup.

Resnais
A signé *l'Année dernière à Marienbad*.

RESPIRATION
Prise d'air.

RESPLENDIR
Être de lumière.
De quoi être pris pour le plus grand des astres !

RESSAC
Il ne se fait pas sans vagues.

RESSASSÉES
Qui reviennent sans cesse sur le tapis... ou le tamis.

RESSEMBLANCES
Traits communs.

RESSÈME
Qui sème encore.

RESTITUÉES
Remises à leur place.

RESTONS
Ne bougeons plus !

RETENTIR
Produire le son par éclatement.

RÉTREINT
Modèle et réduit.

RÉTREINTE
Plutôt frappée sur les bords.

RETS
Arrêtent les poissons, les empêchent de filer.

RÉUNIONS
Des cercles en font leur pré carré.

RÉUSSITE
Gain de cause.

RÉVEIL-MATIN
Ravit au lit.

RHUMÉES
Avec un goût d'Antilles alcoolique.

RIA
Elle a une mer envahissante.

L'aval pour un encaissement.

RIANTE
De nature à amuser la galerie.

RICTUS
Se voit chez le pékin qui rit jaune.

RIDANT
Comme un tout petit pavé dans la mare.

RIDERAIT
Sillons ferait...

RIEL
Oseille du Cambodge.

RIEN
Le vide, ni plus ni moins.
C'est vraiment peu de chose.

RIEUSE
Drôle d'oiseau, pour une mouette !

RILLETTES
Lard culinaire.
Spécialité dûment charcutière.

RIME
Retour de son.
Amour pour toujours.
Chacun le fait avec entrain.

RIMMEL
Un fard pour éclairer le regard.

RIOTE
Rit à l'ancienne.

RIPER
Glisser comme il ne faut pas.

RIRE
Même s'il est fou, on ne l'enferme pas.
S'il est fou, soit on l'étouffe, soit on le libère.
Ses éclats ne blessent que les susceptibilités.

RISETTE
Expression enfantine.
C'est l'enfance du sourire, ou vice versa.

RISSOLE
Dore sur le feu.
Bloque les sardines au port de Marseille.

RISTOURNE
Remise de prix.

RITE
L'on s'accorde à dire que ses règles le rendent invariable.

RIVE
Bord d'eau.

RIVERAINES
Si elles ne sont pas à la rue, on les trouve aux bords d'elle.

RIVER
Réunir des pièces avec force conviction.

RIVETÉES
Fixées sur le ressort ?

RIVIÈRES
Mieux vaut ne pas se coucher dans leur lit.

RIVOLI
Une victoire qui aurait valu ces mots à Bonaparte : « C'est là, dis-je ! »

RIXE
Jeu de mains, jeu de vilains.

ROC
Pierre aussi nommé.

ROI
Aux échecs il est sujet, bien que souverain.
Il tient les rênes, si ce n'est la reine, d'une nation souveraine.

RÔLES
Ils font le lit d'autres personnalités.

ROMBIÈRES
Précieuses ridicules

ROME
Une ville brillante à résidence papale.

RONCHONNEMENT
Grincement dedans.

ROSACE
Rose ou orne un bouton.

ROSAT
Peut agrémenter une histoire à l'eau de rose.

ROSÉ, ROSE
Un peu plus qu'osé ou messagerie qui ne l'était pas moins.

ROSELIÈRES
Stations naturelles d'épuration.

ROSERAIE
Elle fait voir la vie en roses.

ROSSE
Mauvais cheval, plutôt vache.

ROTES
Parles du ventre, en quelque sorte.

RÔTIES
Restées trop longtemps au soleil.

ROUAGE
Avec lui c'est l'engrenage.
Travaille aux transmissions.

ROUANNE
Couleur de robe.
Telle une vache tricolore.

ROUE
Ses révolutions font toujours avancer.

ROUÉ, ROUE
Peut jouer plus d'un tour, quel qu'en soit le sens.

ROUERIE
Un bien mauvais tour !

ROUILLURE
État d'un objet en mauvais état.

ROUSSE
Entre l'orange et le marron.

R.P.
Fait foi à la poste comme à l'église.

RUADE
Une manière peu cavalière de faire du pied.

RUDE
Dure dans le désordre.

RUDESSE
Si elle fait prendre des gants, ils sont de boxe.

RUE
Plante ou joue des pieds.

Montre son jeu de jambes.

Tourne les talons comme la jument.

Plante officinale, ou emplacement idoine pour une officine.

RUÉE
Elle prouve que le monde est foule...

RUELLE
Petite voie, voire un coupe-gorge.

Une si petite voie qu'elle peut aller jusqu'à s'étrangler.

RUELLES
Voies-ci, voies-là !

RUENT
Leurs arrières, gardent.

RUER
On peut le faire dans les brancards.

Jouer des pieds, mais pas des mains.

RUES
Des voies parfois engorgées.

Des artères parfois bouchées.

Peuvent souffrir de problèmes circulatoires.

RUGI
Participe d'un animal de mauvais poil.

RUGISSENT
Comme des lions montant sur leurs grands chevaux.

RUINE
Un tas de pierres.

RUINER
Abattre les poutres ou laisser sur la paille.

RUISSELANT
Si mouillé qu'il faut un caractère
bien trempé pour n'en être point dégoûté !

RUISSELLE
Coule abondamment, jusqu'à dégoûter.

RUMINER
Remuer ses méninges ou la panse.
Quand on y pense, c'est manger comme des cerfs.

RUNIQUES
Relatifs à de sacrés caractères.

RURALE
Qui est en campagne.

RUS
Cours courts.
Des filets d'eau.
Avec le temps, ils font les grandes rivières.

RUSA
Fit le filou.

RUSE
Joue finement pour arriver à ses fins.

RUSÉ
Habile, ma foi !
Sa meilleure attaque est la tactique.

RUT
Période de chaleur.

RUTILANTES
Qui sont dans le rouge.

RUTILER
Faire voir rouge.

SA, S.A.
Début de sacre pour Son Altesse.

SADISME
Vient d'écrits d'un certain marquis.

SAGE
Prend femme à la maternité.

SAGE-FEMME
Spécialiste du bien-naître.

SAGETTES
Leurs feuilles s'élancent en fer de flèche.

SAGITTAIRE
Son arc cible le ciel.

SAÏ
Il est du même ordre que le capucin.
Un capucin qui n'est pas rattaché à une branche religieuse.

SAIS
Suis au courant.
Savoir conjugué.

SALETÉ
Un nom propre à ce qui ne l'est pas.

SALONS
On peut y servir les thés en hiver.

SALVATRICE
Un mot issu de secours.

SAMARITAIN
Attaché au bon, par son action.
Quand il est bon, des meilleures intentions ses desseins sont animés.

SANCTUAIRE
On y dédie des actes aux dieux.

SANS-GÊNE
Impolis sont.

SANSONNETS
Ces oiseaux d'un commerce agréable sont couramment tachetés.

SAPE
Attaque la base.

SAPÉES
En effet minées !

SARBACANES
Elles peuvent lancer du riz soufflé.
Elles permettent de souffler, même en cas d'attaque.

SARMENT
Il a besoin d'un tuteur.

SAS
Fait du porte à porte.
Il se tient entre deux portes.

SASSE
Tamise, même ailleurs qu'à Londres.

SASSÉE
Passée au travers.

SASSER
Passer au grand comme au petit tamis.

SATAN
Prince démon et des abîmes.

SATISFAITE
En gros, qui est arrivée à ses fins.

SATURATION
Excès dans terre, s'agissant d'eau.

SAUT
Si on le prend de haut, on peut tomber bien bas.

SAUTER
Tomber de haut.

SAUVEGARDE
Une mission qui peut prendre la défense des éléphants.

SAVANTE
Qui sait !

SCEAU
Il s'applique à la lettre.

SCÉNARISTE
Il ne pense qu'à faire des histoires !

SCÈNE
Un bavard roi n'y jouerait pas un petit rôle.

SCEPTRE
Du pouvoir il est un signe.

SCIER
Faire vibrer un instrument à lame.

SCIONS
Des bois qui finiront par être entés.

SCIURE
Avec des scies, on en fait sûrement.

SCORES
Ils montrent les points.

SÉANT
Qui va bien.

SEAU
À la plage, pourrait manquer à la pelle.

SEC
Rien que des os, ou pas du tout d'eau.

SÉCANT
Qui a des points communs.

SÉCHERESSE
Point d'eau !
Elle donne une peau aride.
Période vécue sans aucune précipitation.

SECTE
Sorte de vase clos.
Sorte de terrain-culte.
Enclos pour brebis égarées.

SECTIONNÉ
Comme un corps touché par lame.

SÉDUITES
Sujettes à une attraction.

SEGMENTATION
Finalement elle fait des parts.

SEIME
Casse-pieds chez les équidés.

SEL
Son grain s'invite partout.
Élément d'une cuisine bien équipée.
Même renversé, il fait encore l'article.

SÉLÈNE
Comme qui dirait... dans la Lune !

SELLERIE
Lieu non seyant au régime sans selle.

SÈME
Que les pousses poussent espère !

SEMÉES
Mises en terre.

SEMER
Rendre cultivé.
Laisser choir avant d'arroser.

Laisser sur place ou derrière soi.

SEMESTRE
C'est deux saisons.

SEMEUSE
Elle a trouvé sa voie dans le champ.
Elles peut œuvrer aux champs, dans les micro-sillons.

SEMPITERNEL
Qui se répète toujours, hélas et lasse !

SÉNAT
Mélange d'huiles.

SÉNATEURS
Leur train ne les empêche pas de prendre le TGV.

SÉNESCENCE
Amène âgé.

SÉNESCENTE
Prise par le temps.

SÉNESCENTS
Qui, de la jeunesse, peuvent se montrer envieux.

SÉNESTRE
Plutôt gauche.

SÉNEVÉ
Si on veut casser la graine, il nous donne la moutarde.

SENNES
Filets qu'on laisse traîner, ou traînes qu'on laisse filer.

SENSÉ
Qui a raison ?

SENSUELLES
Grandes consommatrices des sens.

SENTES
Bouts de chemins.

SENTEURS
Aromatiques pour la romantique.

SENTIMENTS
Affection pouvant toucher le cœur.

SENTINELLE
Elle fait le guet le plus sérieusement du monde.

SÉQUENTIEL
Qualifie en général un ordre particulier.

SÉQUENTIELLES
Données dans l'ordre d'arrivée.

SERA
Être futur.

SÉRAC
Reste de glace.

SÉRIÉE
Qui subit la séparation des classes.

SÉRIES
La succession y est assurée.

SERMONNER
Passer un savon pour éloigner de la pente glissante.

SERREMENTS
De cœur pour les sujets sensibles.

SERRER

Faire pression.

Prendre les choses en main.

SERVITEURS

Porteurs d'eau ou goûteurs de vins.

SES

Remplace plus d'un son.

SÉSAME

Clef qui ouvre sur le champ.

Commande l'ouverture des portes.

SESTERCE

Monnaie antique, pas en toc.

SET

Dit manche au tennis.

SÉTACÉ

Qui a rapport au porc.

SÈTE

Populaire dans l'Hérault.

SEUL

Unique en son genre.

Qui ne trouve pas à qui parler.

SEULEMENT

Au moins ou sans plus.

SÈVE

Elle circule au jardin des plantes.

SÉVÈRES

Graves par leur ampleur ou susceptibles de faire pleurer.

SI
On le trouve avec certitude dans toutes les hypothèses.

SIAM
Ancien pays à l'endroit, mais toujours à l'envers.

SIC
Pour copie conforme.

SIÉGER
Occuper une place de choix.

Avoir une situation bien assise.

SIEN
Nies en vrac.

Qui revient à lui.

Marque de propriété.

SIENNES
Un petit démon aime en faire.

SIESTE
Mot reposant.

Repos après repas.

Même sans soleil on y dort.

Une douce heure d'après-midi.

Elle marque la pause et repose.

SIGNER
Marquer de son empreinte.

SIGNORET
Une Simone qu'il faisait beau voir au cinéma.

SILENCE
Le son de sagesse.

SILLON
Ça creuse !

SINAPISMES
Étaient emplâtres.

SINE DIE
Expression latine qui, dans la langue de
bois, peut renvoyer aux calendes... grecques !

SINGALETTE
Pour la travailler, c'est l'usine à gaze !

SINGE
Célèbre imitateur.

SION
Elle administre le Valais.

SIRE
Titre de seigneur ou prince de sang.

SIROP
Envers et contre toux.

SIS
En droit, c'est l'endroit.
Situé dans les deux sens.
Placé, à l'endroit comme à l'envers.

SITES
Ils ont généralement un point de vue intéressant.

SMALT
Verre bleu.

SNOB
Suit la vague et la vogue.

Défaut à l'endroit, bons à l'envers.

Comme il est branché, suit le courant !

SNOBER

Le prendre de haut, rabaisser.

SOC

Le savoir fer ne suffit pas pour donner l'aire cultivée.

SOCQUETTES

Elles nous arrivent à peine à la cheville.

SŒURETTES

On imagine les grandes sœurs les couvant.

SOI

On n'a pas plus proche.

SOIN

Attention !

SOIRS

Ils permettent parfois de ces veillées, avant de s'endormir !

SOLDES

On y voit à l'étal moult montants en baisse.

SOMBRES

Moroses, pas roses.

SOMNOLE

Un peu dort.

SOMNOLENCE

Guette celui qui lit une histoire à dormir debout.

SON

Bien entendu, il fait dresser pavillon.

SONO

Elle donne de la portée aux chanteurs ou aux parleurs.

SORBETIÈRE

Elle ne laisse pas les gourmands de glace.

S.O.S.

Fait espérer des secours pas trop longs.

SOT

Bête, en somme.

SOTTISE

C'est niais, à l'évidence.

SOTTISIER

Somme d'âneries.

SOU

Une partie de livre... qu'on ne peut lire.

SOUDANT

Assemblant pour de bon.

SOUE

Elle mène sûrement à bon porc.

Lieu privilégié des histoires cochonnes...

SOUHAITÉS

Objets du désir.

SOURCIERS

Des gars des eaux.

SOUS-TASSE

Pose café.

SOUSTRAIT
Procède par déduction.

SOUSTRAITS
Mis de côté.
Comme ôtés de cinq heures.

SOUTENANCE
Quelque part en thèse.

SPECTRE
Il nous en fait voir de toutes les couleurs.

SPIRALES
Elles en font, des révolutions !
Elles relient même les feuillets encore vierges.

SPIRITUELS
Tels des esprits farceurs.

SPORTS
Jeux divers pratiqués en toutes saisons.

SQUELETTES
Ils sont plein d'os.

STAR
Une vedette qui a la cote.
Elle brille dans sa branche.

STARLETTES
Jeunes pousses.

STASE
Arrêt de circulation.

STÉARATE
Donne matière à s'enflammer.

STEPPE
Elle a un air désert.

STÈRES
Bois, beaucoup !

STIMULÉ
Qui a reçu un coup de fouet.

STIPE
Ainsi, tronc chez les palmiers.

S.T.O.
Service quasi-militaire ayant eu l'aval de la France.

STOPPER
Arrêter ou commencer... à réparer.

STRATES
Elles en tiennent, des couches !

STRESSÉ
Victime d'une agression.

STRETTE
Partie d'une fugue avec un air de revenez-y.

STRIE
Fait des raies.

STRIÉE
Comme sillons l'avaient marquée.

STRING
Sa ficelle affolerait même les maris honnêtes !

STUDIEUSES
Qui se comportent en personnes de devoirs.

STUPEUR

Elle laisse coi, quoi !

Elle frappe par surprise !

STYLES

Manières d'être.

SU

Pas mal appris.

SUANTES

Qui, même imberbes, nous barbent.

SUAVES

Bien plus douces heureuses... que doucereuses.

SUBSÉQUENT

Qui vient juste après.

SUCÉ

Exprimé du bout des lèvres.

Objet de certaines aspirations.

SUCER

Prendre goût, petit à petit.

SUE

Pour qui les Mystères de Paris valaient Rome en feuilletons.

SUE

Participe à une expression corporelle.

SUÉDÉ

Tel un gant cher à l'élégant, et même très chair visiblement.

SUÉE

Sortie de pores.

SUER
Mouiller aux pores.

SUEUR
Jeu de perles.
Résultat du labeur.

SUIE
Résultat d'un tirage.
Ce qui reste d'un feu de cheminée.

SUIS
Existe maintenant ou passe après.

SUISSE
Il ne peut pas travailler sans être aussitôt mis à la porte.

SUIVIES
Épiées, ou dont on a emboîté le pas.

SUPPORTEURS
Ils n'ont d'yeux que pour leurs idoles.

SURE
D'un goût pouvant n'inspirer que dégoût.

SÛRETÉS
Garde-fous.

SURGIR
Survenir à fond de train sans crier gare.

SURMENÉE
Comme une monture qu'on n'a pas su ménager.

SUS
Mot belliqueux, naguère.
Un mot qui entraîne des poursuites !

SUSE
Fut en Perse.

TABLES
Elle sont sur pieds mais ne marchent jamais.

TAC
Suit le tic sans défaut.

TACLE
Un coup de pied bien placé.

TACT
Sens de la mesure.

TACTICIENS
Hommes de tête qui savent préparer leurs coups.

TAEL
Pièce d'antiquité.

TAFFETAS
C'est une toile légère, en soi.

TAG
Effet de bombe.

TAIE
Repose-tête.
Elle se glisse sans mal sous le drap.

TAILLADANT
Blessant, entaillant.

TAILLE
Suit le patron.

TAIN
De l'autre côté du miroir.

TAIRE
Cela va sans dire.

TALC
Poudre blanche.
Si on le voit dans les schistes cristallins,
ce n'est pas de la poudre aux yeux.

TAM
Doublé pour se faire entendre.

TAMANOIRS
Connaître leur langue est fatal aux fourmis.

TAMISIÈRES
Elles ne laissent passer aucune grossièreté.

TAN
Écorce pour faire la peau.

TANNEUR
Des peaux cédées il fait ses affaires.

TANT
Incertain nombre.
Un grand nombre, ou presque autant.

TANTIÈMES
Quelques parts.

TAO
Voie chinoise.

TAPANTE
L'heure pile avant qu'elle ne s'efface.

TAPÉE
Pas mal d'un coup ou endolorie, du coup.

TAPER
Donner un coup de main.
Mettre les choses au poing.
Demander des sous ou s'efforcer de prendre le dessus.

TAQUINERIE
Mise en boîte.

TARAUDE
S'évertue aux vis.

TARI
À court d'eau.
Qui n'a point d'eau.
Qui ne comprend goutte.

TARTAN
De l'étoffe des Écossais.

TARTELETTE
La faire n'est pas une affaire, c'est du gâteau !

TAS
Grand nombre.
D'immondices, sont des monts effrayants.

TASSÉES
Soumises à une certaine pression.

TASSER
Bien occuper les espaces.

TÂTES
Mets doucement la main à la patte.

TATILLON
Comme un vieillard maniaque.

Il aime couper les cheveux en quatre.

TATOUAGE
Sorte de peinture sur soi.

TATOUER
Décorer des corps.

TÉ
Règle à table.

Tiens dans le sud !

Il permet de tirer des plans.

La règle de l'art... de la table.

Il sert les desseins du dessinateur.

Grâce à lui, les croisées ne sont pas tant pliées.

TEASER
Quand on le voit en ville, la campagne n'est pas loin (angl.).

TEE
Il reçoit la balle avant le tir !

Il est en cheville avec le golf.

Supporte dans un jeu de balle.

Il est censé ne pas perdre la boule.

Cheville qui ne risque pas d'enfler.

TÉGUMENT
Il ne manque pas de peau !

Est tissus... de certains corps.

TEIGNE
Cette mite au logis n'est pas la bienvenue.

TEILLE

On en tire des cordes.

TEINDRE

Donner le ton.

TEINTÉ

Mis au vert.

Exprimé sur un certain ton.

TEL

Pour copie conforme.

Élément de comparaison.

TÉLÉVISÉ

Retransmis, dans un sens imagé.

TÉLÉVISION

Ses chaînes captivent.

Sa parabole n'est pas Évangile,

bien qu'elle puisse diffuser la bonne parole.

On peut en devenir l'esclave à cause de ses chaînes.

TEMPE

De l'une à l'autre on peut tenir tête.

TEMPÊTE

C'est beaucoup de vent et de tous côtés.

TEMPLE

Il s'y consacre des séances au culte.

TEMPLIERS

Ils portèrent, en bon ordre, la croix jusqu'en Terre Sainte.

TENDRES

Pas durs à cuire.

TÉNIA

Ver sévère.

TENIR

Mieux le vaut à courir.

Prendre les choses en main.

TENNIS

On n'imagine pas ses élèves sécher les courts.

TÉNOR

Maître chanteur.

TENSIONS

Ça tire !

De l'électricité dans l'air.

TENTÉE

Incitée ou excitée.

TENTENT

Jouent peut-être leur dernière carte, voilà tout !

TER, T.E.R.

Trois fois, ou un train qui ne sifflera jamais.

TERNISSENT

Ombrent au tableau.

TERRE

Cri de vigie, pirate ou non.

Où sèment les amoureux de la nature.

TERRER

Couvrir les plantes au pied.

TERRESTRES

Des terres et non d'éther.

TERRIL

Éminence grise.

TES

Pluralité de ton.

TÉS (SET)

Sur une table, à l'endroit comme à l'envers.

TESSITURES

De bonnes notes obtenues sans forcer.

TEST

L'épreuve pour qui cherche les preuves.

TESTÉ

Essayé, ça y est.

TESTÉE

Mise à l'épreuve.

Dont on a pris la mesure.

TESTEURS

Pilotes d'essais.

TESTS

Mesures de capacité.

TÊT

Pot de terre pour savoir-faire.

TÊT, TÊT

Coupelle faite de terre... ou fête lunaire.

TÉTÉE

Aspiration enfantine.

Elle voit le petit mis au lait.

TÉTER

Au pis aller.

Savoir à quel sein se vouer.

TÉTERELLE

Vouée aux seins, elle l'est.

TÉTINES

Dans la bouche des enfants.

THÉINE

Produit des thés.

THÉNAR

Nom d'une éminence...

TIAN

Plat dans les Alpes.

TIARE

Couvre-chef.

Elle pare en prenant la tête.

Elle coiffait même un chauve.

TIC

Peut se voir en un clin d'œil.

Manie, même sans les mains.

TIÈDES

Sans zèle, sans envolée.

TIENNES

Qui sont ta part.

T'IEN-TSIN

Des traités y furent signés à l'encre de Chine.

TIERCÉ
D'émaux différents mais égaux, en un mot.
À ce jeu de chevaux, qui s'y frotte s'y pique.

TIERS
C'est un autre homme.

TIF
Il pousse sur un caillou.

TILT
Fait pour une inspiration.

TIMBALE
On la frappe mais c'est elle qui donne là le son.

TIMIDES
Victimes d'un défaut d'assurance.

TIN
Soutien naval.
Auxiliaire de marine.
Solution ad hoc pour tenir le navire ; doublé, l'ami d'un capitaine.

TINTAMARRE
Une affaire qui fait grand bruit.
Il trouble la tranquillité des pavillons.

TIPI
Tente d'Amérique.

TIR
Il ne donne pas envie d'être objectif.

TIRAILLEUR
Son mot d'ordre n'est pas d'espérer sans tirer.

TIRE
Fait feu ou évoque la cheminée.
Ce pouvait être une traction, avant.

TIRETTES
Lacets de gestes mécaniques.

TIRS
Font aller obus.

TISON
Va au charbon, tel label au bois dormant.

TISSER
Travailler à la chaîne ou nouer des liens.

TISSERANDS
De leur travail, des textiles en sont issus.

TISSEUR
Il a la fibre du métier.

TITANE
Ce métal peut bien prendre l'air, jamais il ne s'altère.

TITILLE
Joue sur le côté sensible en lançant des piques.

TITRÉE
Aux caractères bien marqués.
Telle une solution qui ne pose plus question.

T.N.T.
Il a un caractère explosif.

TOAST
Le porter est une question d'honneurs.

TOC
Seul, il tape à l'oeil ; redoublé, il frappe à la porte.

TOGE
Un vêtement aéré qui donne l'air romain.

TOI
S'adresse à un proche.
Marque de distinction.

TOISE
Prend la taille.

TOISÉE
Dont on a pris la mesure.

TOISER
Comme regarder les serfs avec dédain.

TÔLE
Résultat d'une fusion.

TÔLIÈRE
Maîtresse de maison.

TOM
Oncle d'Amérique.

TOMBE
Chute... ou qualité d'un muet.

TOMMES
Caillés des cols.

TOND
Ne trouve pas la laine mauvaise.

TONDRE
Couper au plus court.

TONNER
Faire comme un canon crachant l'obus... en vain ?

TONS
Ils font dans la nuance.

TONSURE
Une mise en coupe réglée.

TOP
Son sur l'aire du départ.

TOPIQUE
Ce traitement demande de ne pas être sans cible.

TORÉADOR
Le roi de l'arène.

TORPIDES
Qui font planer.

TORY
Vieux conservateur dont on ne s'est pas encore départi.

TÔT
Une heure qui n'est pas avancée.

TOUR
Peut être de main.
Fait revenir au point de départ.

TOURELLES
Ont des objectifs que l'on asservit sur un plateau.

TOURNÉE
Mouvement de troupe.

TOURNER
Prendre une autre direction, virer.

TOURNEUSE
Avant qu'elle ne travaille à son tour, il faut bien qu'elle paraisse...

TOURTEREAU
Volatile s'envola-t-il ? Pas encore de ses propres ailes...

TOUT
Un mot pour ne rien oublier !

TOUX
Elle fait les gorges chaudes.
Effet d'une gorge qui s'enroue.

TRACEUSE
Ce qu'elle fait ressortir est en traits.

TRADITIONS
Un héritage auquel chacun peut prétendre.

TRAÎNASSER
Battre le pavé.

TRAÎNÉE
Choses répandues, mais en petites quantités.

TRALALA
Grande pompe !

TRAMENT
Se créent en secret [se].

TRAMER

Travailler à la chaîne.

TRAMONTANE

Dès ce vent levé les épis se couchent,
mais c'est le souffle qui est coupé.

TRAMPOLINE

Des bons bonds en perspective !

TRANCHOIRS

Ils mettent en pièces les morceaux choisis.

TRANSACTION

Peut transformer de l'argent solide en argent liquide.

TRAVAIL

Quand il y en a trop, on en ploie.

TRÉPAN

Outil de sondage.

TRESSE

Elle peut avoir de nombreux fils.

TRESSER

Créer des liens.
Rendre les fils solidaires.

TRI

Mot d'ordre.
Remise en ordre.
Manière d'ordonner ou tir désordonné.

TRIBUNAL

Lieu de délibération ou de libération

TRIER
Séparer le bon grain de l'ivraie ?

TRIÉS
Ceux qui le sont sur le volet peuvent voir des portes s'ouvrir.

TRIMÈTRE
Vers s'axant sur trois accents.

TRIO
Musiciens en formation.

TRIP
Emmène au pays des éléphants roses.

TRISTEMENT
Sombre adverbe pour morose.

TRISTESSE
Sentiment pas gai qu'a celui qui rame.

TROÈNE
On trouve ses baies noires dans les jardins,
mais il n'est pas conseillé de s'y rafraîchir.

TRONC
Avec des scies on mettrait ses copeaux en bouteille.

TROTTÈRENT
Qui « n'allurent » pas les deux pieds dans le même sabot.

TROU
Un normand qui s'invite aux agapes.

TROUBADOUR
Maître chanteur à la cour du roi.

TROUÉS
Qui demandent réparation.

TROUVAILLE
C'est une idée !

TRUC
Appellation non contrôlée.
Il veut tout dire et ne rien dire.
Mot dit quand on ne sait mot dire.

TRUELLE
Elles envoie le mortier pour faire le mur.

TRUITE
Vagabonde chez Schubert.

TSÉ
Mi-mouche.
Doublé, fait mouche.

TSÉ-TSÉ
Espèce de somnifère.

TU
Dit aux proches ou non dit.
Doublé pour une tenue de scène.

TUBE
Souvent creux, même s'il fonctionne à plein.

TUE
Mot de tête qui donne la migraine.

TUER
Faire rendre l'âme... d'un coup d'épée ?
S'accorde avec le temps pour le faire passer.

TUILE

Avec elle le couvreur finit par en venir au faîte.

TUNE

L'argent du peuple.

TURC

Le Grand était un sultan, ce qui n'offusquait personne.

TURC

Il évoque la tête ou le siège.

TURFISTES

Hommes de paris.

TUTEUR

Soutien de famille.

Il soutient les jeunes pousses.

T.V.A.

À cet impôt-cible, tout le monde est tenu.

UBAC

Cet endroit, c'est l'envers.

UBIQUISTES

Leur façon de se dédoubler est unique.

Ils peuvent être au four et au moulin sans se mettre dans le pétrin.

UÉLÉ

Rivière qui, vers l'Oubangui, charrie.

U.H.T.

Traite le lait après la traite.

ULCÈRE

Quelle plaie !

ULÉMAS

Hommes de loi comme Samuel... mais pas dans le même ordre.

U.L.M.

Sert volant.

UNAU

Un paresseux capable de s'accrocher à un bouleau.

UNE

Elle se déploie en colonnes.

Elle est couchée sur la couverture.

Elle fait preuve de forts caractères.

Elle peut aller jusqu'à l'autre, l'accompagner ou s'y opposer.

UNES

Souvent vues avec les autres.

UNI

Qui n'a pas l'air détaché.

UNIATE

Fruit d'un rapprochement est-ouest.

De deux églises, mais pas à Colombey.

UNICOLORE

Pour définir cette entrée, on peut décider que c'est tout vert.

UNIE

Plane ou sans nuages.

D'un seul ton, s'entend.

UNION

Elle fait marcher comme un...

UNIR

Sang mêler.

Joindre les deux bouts.

UNIRA
Promesse de mariage.

UNITÉ
C'est là tout.

UNS
Un certain nombre.

Ils vont facilement avec les autres.

UNTEL
Ca, c'est quelqu'un !

UR
Ex-cité à la fin du jour.

L'une de ces cités qu'on ne verra plus.

URE
Il a fini de ruminer.

Bœuf disparu des étals.

En trouver un ferait un effet bœuf !

URI
Petit Suisse.

Quand on dit : canton suisse ?

URNE
Pièce montée pour des cendres.

C'est elle qui récolte toutes les voix.

Elle peut s'ouvrir pour un oui ou pour un non.

URNES
L'électeur s'y livre.

C'est en fin de compte le choix d'électeurs, qu'elles livrent !

URSIDÉ
Ours savant.

URSIDÉS
C'est un ordre !
Ils comprennent les ours.

U.R.S.S.
Ancien colosse qui a dû jeter pas mal de l'Est.
Lettres de Russie, l'amère patrie, avant que son état n'empire.

URSULINE
Elle est dans un certain ordre.

URTICAIRE
Elle peut démanger après déjeuner.

US
Mot d'usage... pas vraiment courant.

U.S.A., USA
État ou rendit en mauvais état.

USÉ
Mot d'usage courant.
Abusé à la fin, à force d'abuser.
À bout, ou qui ne tient plus debout.
Devenu commun, comme un leitmotiv.
Tel un pied-de-poule qu'on échangerait
bien volontiers contre un neuf.

USER
Pousser à bout.
Dévoiler la trame.
Ne pas laisser sans emploi.
Jusqu'à la corde, c'est à force de tirer dessus.

USÉS
Dépolis sont !

USINÉE
Entrée grossière, sortie polie.

USINER
Travailler à la pièce.

USNÉE
On la trouve attachée à un arbre.

USTENSILES
Lorsqu'ils marchent bien, leur usage est courant.

USURAIRE
Non sans intérêts, loin s'en faut !

USURE
État d'un produit fini.

UTÉRUS
Fameux par son col.

UTILE
Bon pour le service.

UTILITÉ
Qualité de service.

UTOPISME
C'est croire au Père Noël.

U.V.
Deux de cuivre pour que l'on bronze.

UVÉITE
Quand on l'attrape, on l'a à l'oeil !

Une affection qui a de quoi faire pleurer.

VA
Sans dire, est donc évident.

VAGUE
Elle peut être lame, il peut être à l'âme...

VAISSELLE
Pour les scènes de ménage, ça tombe bien !
Après qu'elle soit faite, on peut admirer les plats nets.

VAMPS
Elles ont un air d'ange et... danger !

VAPOREUSES
Qui laissent entrevoir un monde flou.

VAR
On y trouve Toulon, mais c'est aussi un cours.

VAU
C'est un veau, en construction !

VAUTOURS
C'est le mort qu'ils morcellent.

VÉ
On le fournit en tuyaux pour stopper leur course.
Passage obligé pour qu'ainsi cylindre tourne rond.

VEILLÉES
Pour conter, on y compte !
Elles trompent l'ennui à la tombée du jour.

VEINE
Les sans-gain l'espèrent.

VÉNÉRÉS
Objets de culte.

VENT
Plus il est fort, plus il souffle.

VENTES
Il faut bien qu'elles soient exposées, avant qu'elles n'explosent !

VENTILÉ
Qui a pris l'air.

VER
Amateur de fruits.

VERCINGÉTORIX
Grand de Gaule.

VERGUES
Invitent à mettre les voiles.

VÉROLE
Quoique petite, elle causait une éruption.

VERS
Assistant de direction.
Fait mesurer ses paroles.

VERSER
Donner pour boire.

VERTÈBRE
L'accord dos-cou.

VERTU
On peut la louer, pas l'acheter.

VÊT
S'occupe du recouvrement.

VEXER
Toucher un point sensible, même sans l'avoir visé.

VIDE
Fait néant en physique.

VIE
S'exprime tant que l'âme est en corps encore...

VILLAGEOIS
Un homme en campagne.

VILS
Qui ne méritent que mépris.

VIN
Qu'il devienne un nectar vient d'un art consommé.

VINICOLE
Qui ne transforme pas le raisin en vain...

VIRAGE
Là où la roue tourne.
Il nous attend au tournant.

VIRE
Fait un tour.

VIRÉS
Invités... à prendre la porte.

VIROLES
Elles laissent les armes blanches ouvertes.

VIRTUOSITÉ
Brio, firmament de l'art.

VIS
Pour se rendre utile, elle doit faire quelques tours.

VISAGISTES
Qu'ils fassent que les rides s'effacent et
les sourcils s'épilent, c'est leur vocation.

VISE
Dirige l'objectif vers l'objectif.

VITE
Mot d'usage courant.

VŒUX
Promesses de minuit.
Promis par foi, souvent.

VOICI
Désigne ce qui est apparent, proche.

VOILÀ
Désigne ce qui est apparent, éloigné.

VOITURE
Elle peut aller à fond de train, à ce qu'on voit.

VOLONTAIRE
Des terres minées, surmonte sa peur.

VOTÉE
Soumise aux voix ou à la majorité silencieuse.

VOULU
Objet de convoitises.

VUES
Images ou desseins.

W.C.
On en sort normalement avec un certain soulagement.

WON
L'unité des deux Corée.

XÉNOPHILIE
C'est aimer même d'étranges étrangers.

XÉRÈS
Label de Cadix.

XYLÈMES
De quoi recevoir une volée de bois verts.

XYLOPHONE
Il marche à la baguette.

ZÉE
Un poisson qui a l'air comprimé.
Dorée... alors fin, pour les gourmets.

ZEST
Dans une expression incertaine...

ZESTES
Morceaux d'écorce pour des fruits méditerranéens.

ZOO
Il faut être « bête » pour ne pas pouvoir en sortir.

ZOOLOGIQUE
D'une branche qui comprend les oiseaux.
S'ils pouvaient parler de ce jardin, que serait l'avis des animaux ?

FSC
www.fsc.org
MIXTE
Papier issu
de sources
responsables
Paper from
responsible sources
FSC® C105338

Édition : BoD - Books on Demand
12/14 rond-point des Champs-Élysées, 75008 Paris

Imprimé par
BoD - Books on Demand, Norderstedt, Allemagne

Achevé d'imprimer en juillet 2019

Dépôt légal : juillet 2019
ISBN 978-2-322-10979-1

Prix TTC : 11,90 €